研学旅行
培训指南

主编◎程 冰 钟 泓

重庆大学出版社

图书在版编目（CIP）数据

研学旅行培训指南 / 程冰，钟泓主编 . -- 重庆：
重庆大学出版社，2023.8
ISBN 978-7-5689-3287-5

Ⅰ . ①研… Ⅱ . ①程…②钟… Ⅲ . ①教育旅游—教
育研究 Ⅳ . ① F590.75

中国版本图书馆 CIP 数据核字（2022）第 082739 号

研学旅行培训指南

主　编　程　冰　钟　泓
副主编　杨乃桂　李岑虎　穆莉莉
策划编辑：尚东亮

责任编辑：夏　宇　　版式设计：尚东亮
责任校对：邹　忌　　责任印制：张　策

*

重庆大学出版社出版发行
出版人：陈晓阳
社址：重庆市沙坪坝区大学城西路21号
邮编：401331
电话：（023）88617190　88617185（中小学）
传真：（023）88617186　88617166
网址：http://www.cqup.com.cn
邮箱：fxk@cqup.com.cn（营销中心）
全国新华书店经销
重庆市国丰印务有限责任公司印刷

*

开本：720mm×1020mm　1/16　印张：13.75　字数：198千
2023年8月第1版　　2023年8月第1次印刷
ISBN 978-7-5689-3287-5　定价：48.00元

编委会

前 言

　　研学旅行由来已久，从古代孔子周游列国、亚里士多德遍游小亚细亚，到近代日本的修学旅行，陶行知的"新安旅行团"，时空变幻的场景下，教育和旅行的碰撞催生出"读万卷书，行万里路"的智慧光辉。以2013年国务院发布《国民旅游休闲纲要（2013—2020年）》、2016年教育部等11部门联合发布《关于推进中小学生研学旅行的意见》等相关重要文件为发端，我国的研学旅行进入发展快车道，引起了社会和行业各界的广泛关注。

　　桂林旅游学院是我国仅有的两所独立建制的旅游类本科院校之一，被誉为中国旅游人才培养的"黄埔军校"。作为深深植根于旅游教育领域的院校，学校高度关注研学旅行这一"教育+旅游"的融合领域，顺势而为，乘势而上，依托行业院校优势，针对研学旅行人才匮乏的现状，在研学旅行培训领域积极探索，主动作为。2019年6月申报并获批中国旅行社协会研学旅行指导师培训基地。2019年9月起依托该基地自主招生，开展研学旅行指导师培训，截至目前，已成功举办14期培训班，培训了来自全国17个省（区、市）的500多名学员。培训获得了学员的高度评价，在业界引起了广泛关注，逐渐成长为国内知名的研学旅行培训平台，形成了"双循环"的研学旅行培训桂旅模式。2020年在桂林举办了"首届研学旅行教育发展论坛"。2021年又举办了"第二届研学旅行教育发展论坛暨广西研学旅行职业技能大赛"，为我国研学旅行的发展做出了积极贡献。

　　站在新的历史发展阶段，特别是在"双减"和文化旅游高质量发展的背景下，我们深知研学旅行的高质量发展，离不开大量有着良好师德师风和专业素养的从业人员。由于新冠疫情等因素的影响，线下培训受到了诸多制约，尽管近年来研学旅行领域的学者们笔耕不辍，从"研学旅行管理与服务"专业建设出发，策划与出版了一批面向在校学生的教学用书，但是面向广大研

学旅行从业人员、研究人员和爱好者的工具书仍较为匮乏。为此，我们将研学旅行指导师培训的成果结集成册，希望能够为更多的行业人士和研学旅行研究者、爱好者提供理论支持和实践参照。

　　本书根据研学旅行的核心属性和特点，按工作环节的程序分为解读、导入、构建、设计、安全、评价、方法、技巧、案例逐层进行阐述。各章的安排既具有相对独立性，又保持了相互之间的内在联系，使本书整体上构成一个适合研学旅行培训指导师教学需要的知识体系。

　　由于时间仓促，加之水平有限，书中难免有疏漏和不足之处，敬请同行专家和读者指正。

编　者

2023 年 1 月

▎目 录

第一章

解读：研学旅行的发展脉络和政策解读

本章导读

▶▶▶ 【本章概况】

研学旅行作为教育和旅行融合发展的创新性育人途径，受到了社会的广泛关注，在研学旅行发展中，探究研学旅行的起源、政策脉络和未来的发展趋势非常重要。本章将引领培训学员从研学旅行的起源、政策发展中寻找研学旅行的根本属性和根本场景，并结合广义研学和狭义研学的融合发展，探究研学旅行未来的发展趋势。

▶▶▶ 【引言】

单边主义和孤立主义抬头、中美贸易纷争、经济下行、新冠疫情暴发导致的需求不足和去全球化，这些 2020 年以来的一系列重大历史事件，在教育、文化和旅游领域折射出两个重要问题：一是人群流动性中断，如何激活文化和旅游资源，重建市场信心？二是教育中断，如何重建教育，让更自信的下一代去迎接不确定的未来？

这两个看似关联度不高的问题，却因研学旅行联系在一起。2016 年11 月30 日，教育部等 11 部门在《关于推进中小学生研学旅行的意见》中，对研学旅行进行了释义："中小学生研学旅行是由教育部门和学校有计划地组织安排，通过集体旅行、集中食宿方式开展的研究性学习和旅行体验

相结合的校外教育活动，是学校教育和校外教育衔接的创新形式，是教育教学的重要内容，是综合实践育人的有效途径"，并首次提出将研学旅行纳入中小学教育教学计划。

　　研学旅行作为"教育＋旅游"的创新性育人途径，继承和发扬了中国传统游学与修学的教育理念和中华民族"读万卷书，行万里路"的人文精神，成为中小学生综合素质教育的新内容和新举措。研学旅行的开展，使学生真正走出校门，面对社会发展和生活变迁的真实场景，饱览革命遗迹、山水文化遗产、科技进步成果、生态农业发展、非遗文创博物馆这些无字之书，增强文化自信、文化自豪，锻炼沟通、合作、创新、研究、分析、思辨的能力，把提升学生综合素养、实现立德树人根本任务真正落到实处。同时，根据《2019 年全国教育事业发展统计公报》，全国高中和义务教育阶段学生总数 1.78 亿人，其中适合开展研学旅行的达到 1.03 亿人。上亿规模的中小学生研学旅行，可以形成一个巨大的增量市场，推动旅游供给侧结构性改革，有效盘活文化和旅游资源，推动文旅复苏和可持续发展。

第一节 研学旅行政策发展脉络 ⋯⋯⋯⋯⋯⋯⋯⋯⋯⋯⋯⋯⋯

研学旅行引发了社会各界的广泛关注，但必须注意到，在研学旅行发展过程中，对研学旅行的界定仍存在一些歧义，对研学旅行的目标和性质仍存在不同的认识。因此，要对研学旅行有正确的认识，就必须深入了解研学旅行发展的政策脉络，从中了解研学旅行的发展空间和发展红线。

研学旅行的提出既有时代背景，又有历史渊源。早在春秋时期，孔子就带领学生周游列国，拜访名师、游说诸侯、研学求道，开启了体验式教学的新篇章。唐代杜甫与文士们的郊游，明代徐霞客基于游学经历写就的《徐霞客游记》，无不彰显了中国古代游学的发展轨迹。放眼世界历史，带有研学旅行属性的活动屡见于史书。古希腊的先贤哲人亚里士多德遍游小亚细亚，回雅典后成立了自己的学园。他习惯于边讲课、边漫步于走廊和花园，正因如此，学园的哲学被称为"逍遥的哲学"或者"漫步的哲学"。17—19世纪，欧洲地区的漫游式修学旅游活动——大陆游学兴起，年轻的英国贵族游历法国、意大利、尼德兰、德意志等国，学习礼仪、艺术，结交名流。近代的童军运动强调以实际的户外活动作为非正式的教育训练方式；创办于1956年的爱丁堡公爵国际奖鼓励青年人通过体验参与公益服务，锻炼身体，获取技能，进行探索。1958年，日本文部省在《中小学教学指导大纲》中将修学旅行规定为"学校活动"的内容，鼓励青少年学生通过修学旅行，接触自然、感受文化、了解社会、体验成长，可以说修学旅行已经成为日式教育乃至日本文化的重要组成部分。

中国的研学旅行发展与日本的修学旅行有着密切的渊源。2012年，教育部部长袁贵仁访问日本时对日本的修学旅行印象深刻，他回国后曾指示："我这次访问日本，对日本成群结队的中小学生修学旅行印象极为深刻。对比之下，也深感我们的教育方式确有应行改进的地方，否则孩子的身心健康、集体主义、爱国主义情感的养成都将留下不足。如全面推进做不到，个别地方、一些学校是可以试行的。如有计划地推进，不断加以倡导，逐步扩大范围，是会有效果的。我觉得这是一件很大的事，问题在于经费和安全，特别是安全。"同年，教育部成立专项课题研究小组，并选取安徽、江苏、陕西、上海、河北、江西、重庆、新疆8个省（区、市）率先开展研学旅行试点工作。

2013年2月，国务院办公厅印发《国民旅游休闲纲要（2013—2020年）》，提出"逐步推行中小学生研学旅行"的设想。研学旅行第一次见诸公开文件。

2014年4月，教育部基础教育一司司长王定华在第十二届全国基础教育学校论坛上发表了题为《我国基础教育新形势与蒲公英行动计划》的主题演讲。在会上，他首先提出了研学旅行的定义：学生集体参加的有组织、有计划、有目的的校外参观体验实践活动。研学要以年级为单位，以班为单位进行集体活动，同学们在老师或辅导员的带领下，确定主题，以课程为目标，以动手做、做中学的形式，共同体验，分组活动，相互研讨，书写研学日志，形成研学总结报告。

2014年8月，《关于促进旅游业改革发展的若干意见》中首次明确将研学旅行纳入中小学生日常教育范畴，积极开展研学旅行。按照全面实施素质教育的要求，将研学旅行、夏令营、冬令营等作为青少年爱国主义和革命传统教育、国情教育的重要载体，纳入中小学生日常德育、美育、体育教育范畴，增进学生对自然和社会的认识，培养其社会责任感和实践能力。按照教育为本、安全第一的原则，建立小学阶段以乡土乡情研学为主、初中阶段以县情市情研学为主、高中阶段以省情国情研学为主的研学旅行体系。

2015年8月，国务院办公厅印发《关于进一步促进旅游投资和消费的若干意见》，明确支持研学旅行发展，将其纳入学生综合素质教育范畴，并提出"建立健全研学旅行安全保障机制"。

2016年是研学旅行发展重要的一年。2016年1月，国家旅游局网站发布《关于公布首批"中国研学旅游目的地"和"全国研学旅游示范基地"的通知》，授予北京市海淀区、浙江省绍兴市、安徽省黄山市、江西省井冈山市、山东省曲阜市、河南省安阳市、湖北省神农架区、广西壮族自治区桂林市、四川省绵阳市、甘肃省敦煌市等 10 个城市"中国研学旅游目的地"称号，授予北京市卢沟桥中国人民抗日战争纪念馆等 20 家单位"全国研学旅游示范基地"称号。

2016 年 9 月，《中国学生发展核心素养》正式发布并强调：突破知识本位与应试教育的藩篱窠臼，引领学生培育适应社会发展与终身发展需求的必备品格和关键能力。

2016 年 11 月，教育部等 11 部门印发《关于推进中小学生研学旅行的意见》，把研学旅行纳入学校教育教学计划，并将之置于落实立德树人教育任务的战略新高度。这份文件成为指导研学旅行发展的最重要的纲领性文件。

2016 年 12 月，国家旅游局发布《研学旅行服务规范》，这是第一份研学旅行领域的行业标准文件。

2017 年、2018 年，教育部分两批命名中国人民革命军事博物馆等 581 家单位为"全国中小学生研学实践教育基地"，河北省石家庄市青少年社会综合实践学校等 40 家单位为"全国中小学生研学实践教育营地"。

2017 年，教育部出台《中小学综合实践活动课程指导纲要》，指出综合实践活动是基础教育课程体系的重要组成部分，明确提出了价值体认、责任担当、问题解决、创意物化四个方面的课程目标。在这份文件中，综合实践活动课程是国家课程，其方式包括"考察探究、社会服务、设计制作、职业体验"，而野外考察、社会调查、研学旅行等系考察探究的表现形式。文件的出台，将研学旅行纳入了中小学综合实践活动课程体系。

2017 年 8 月，教育部印发《中小学德育工作指南》，该指南是指导中小学德育工作的规范性文件，适用于所有普通中小学。指南在"实践育人"板块提出"组织研学旅行。把研学旅行纳入学校教育教学计划，促进研学旅行与学校课程、德育体验、实践锻炼有机融合，利用好研学实践基地，有针

对性地开展自然类、历史类、地理类、科技类、人文类、体验类等多种类型的研学旅行活动"。

2018年9月，习近平主席在全国教育大会上指出，要努力构建德智体美劳全面培养的教育体系，立德树人要融入思想道德教育、文化知识教育、社会实践教育各环节，贯穿基础教育、职业教育、高等教育各领域。

2020年3月，中共中央、国务院发布《关于全面加强新时代大中小学劳动教育的意见》，进一步强调坚持立德树人，把劳动教育纳入人才培养全过程。

2020年5月，教育部印发《普通高中课程方案和语文等学科课程标准》（2017年版2020年修订），规定综合实践活动8学分，包括研究性学习、党团活动、军训、社会考察等；研究性学习6学分（完成2个课题研究或项目设计，以开展跨学科研究为主）；劳动6学分，其中志愿服务2学分，在课外时间进行，三年不少于40小时，其余4学分内容与通用技术的选择性必修内容以及校本课程内容统筹。

由此可见，我国研学旅行的发展经历了教育研究先行展开、旅游市场先行导入、各部门初步形成共识，以《关于推进中小学生研学旅行的意见》《中小学综合实践活动课程指导纲要》《关于全面加强新时代大中小学劳动教育的意见》三个文件为指导，逐步规范、深入、延展的过程。同时，这一过程也存在以下特点：主要是对研学旅行的视角和认识存在一定差异。文化和旅游部门更多地从旅游业态和产业价值方面来看待研学旅行；教育部门则更多地关注研学旅行的教育价值和教育属性，从而将研学旅行分为狭义和广义两种形式。同时，从国家政策发展脉络可以看出，研学旅行作为综合实践活动课程体系的一部分，在一定程度上具有劳动教育的特点，研学旅行作为单独课程在基础教育领域有形式上弱化的倾向。从另一方面看，研学旅行作为教育旅游的新业态，其跨界属性极强，对产业的带动性较大，各地方政府、产业界在经济下行压力下对其期望普遍较高，在旅游领域有实际上强化的倾向，且这两种不同的倾向还会在一定时期内共同存在。

第二节　研学旅行、综合实践活动、劳动教育如何融合发展

研究研学旅行、综合实践活动、劳动教育如何融合发展，首先要清楚它们的核心要点。

一、劳动教育

（一）劳动教育的政策脉络和核心要义

2020 年 3 月，中共中央、国务院印发《关于全面加强新时代大中小学劳动教育的意见》，指出要把握劳动教育基本内涵。劳动教育是国民教育体系的重要内容，是学生成长的必要途径，具有树德、增智、强体、育美的综合育人价值。实施劳动教育重点是在系统的文化知识学习之外，有目的、有计划地组织学生参加日常生活劳动、生产劳动和服务性劳动，让学生动手实践、出力流汗，接受锻炼、磨炼意志，培养学生正确的劳动价值观和良好的劳动品质。《关于全面加强新时代大中小学劳动教育的意见》要求，根据各学段特点，在大中小学设立劳动教育必修课程，系统加强劳动教育。中小学劳动教育课每周不少于 1 课时，学校要对学生每天课外校外劳动时间作出规定。

同年 5 月，教育部印发《普通高中课程方案和语文等学科课程标准》（2017 年版 2020 年修订）明确规定，劳动为必修课程，共 6 学分。

同年 10 月，教育部在答复全国人大代表"关于中小学学生劳动教育立法的建议"时表示：教育部正积极推动《中华人民共和国教育法》修订，将"劳"纳入教育方针，《教育法修正案（草案）》已经提请国务院审议。教育部基础教育司印发了《关于遴选推荐全国中小学劳动教育实验区的通知》（教基司函〔2020〕47 号），随后启动全国中小学劳动教育实验区创建工作。

（二）研学旅行与劳动教育的关系

①劳动教育的价值目标是培养学生尊重劳动的价值观，培养良好的劳动品质和素养。这些价值目标可以在研学旅行中得到体现。

②校外劳动教育课程可以嵌入研学旅行课程中展开。

③校外劳动教育基地可以和研学旅行基地资源共享互通。

④劳动教育侧重于劳动体验和劳动价值观的培养，研学旅行侧重于研究性学习。

【案例】

研学旅行基地的劳动内容包括学农劳动课程（播种、除草、种植、施肥、收获、野炊、压花、叶脉书签等），学工劳动课程（陶艺、编织、科技制作、木工、金工、水工、电工等），自我服务类劳动课程（洗衣叠被、床铺整理、洗碗抹桌、扫地拖地、卫生大扫除等）。

劳动课程设计：

如某小学五年级的劳动实践课程，除语文、数学、科学每学科 2 课时的渗透式课程外，还包括"落花生和它的一生"（多课时综合型劳动实践课）、"艺术创意落花生"（农场文化艺术多元实践课）、"农家习俗中的美丽落花生"（农场文化探究性实践课）、"落花生餐桌走秀"（农场文化厨艺实践课）、"落花生的投入与产出"（农场财经实践课）等以"落花生"为主线的主题课程。

博物馆的劳动教育课程可以围绕志愿服务类课程（职业体验）、劳动精神类课程（工匠精神和劳动制作过程）、劳动创造类课程（通过博物馆学基础知识，在学校或家庭构建小型博物馆、展览馆）。

劳动课程主题规划：

①语文教师可开发"文物的生命""古诗中的文物""文物的力量"；

②数学教师可开发"博物馆里的统计学""文物讲述的历史经济"；

③政治教师可开发"博物馆里的农民与土地"；

④生物教师可开发"博物馆里不同的生命"；

⑤化学教师可开发"瓷器（青铜器）是怎么烧制的"；

⑥地理教师可开发"文物的地理分布"；

⑦美术教师可开发"历史名画欣赏"。

劳动课程成果展示：

如农作物果实展示、农场变化展示、经济收益数据展示等。

学习成果展示是对学生在劳动实践课程学习过程中所形成的，能反映学生在观念、知识、能力等方面得到发展的物化成果予以公开展示，如学习笔记本、实践记录册、财经账务簿、学习心得、劳动制作成品等的展示，常以陈列、展出的形式开展。

能力与技术展示是学生实际操作能力方面的现场展示，如厨艺大比拼、陶器制作表演、竹篾工艺制作表演等，常以比赛、表演的形式开展。

二、综合实践活动课程

（一）综合实践活动课程的政策脉络和核心要义

2017年9月，教育部发布《中小学综合实践活动课程指导纲要》指出，综合实践活动是从学生的真实生活和发展需要出发，从生活情境中发现问题，转化为活动主题，通过探究、服务、制作、体验等方式，培养学生综合素质的跨学科实践性课程。该课程具有四大具体目标：价值体认、责任担当、问题解决、创意物化。

综合实践活动课程是国家课程，其方式包括"考察探究、社会服务、设计制作、职业体验"。其中，"考察探究是学生基于自身兴趣，在教师的指导下，从自然、社会和学生自身生活中选择和确定研究主题，开展研究性学习，在观察、记录和思考中主动获取知识，分析并解决问题的过程，如野外考察、社会调查、研学旅行等"。

（二）综合实践活动与研学旅行的关系

①研学旅行课程是综合实践活动课程的分支课程，是通过考察探究，培养学生综合素质的跨学科实践性课程。

②研学旅行的四大具体目标与综合实践活动课程的目标一致：价值体认、责任担当、问题解决、创意物化。

【案例】

综合实践活动物化成果展示举例：

①美术作品包括在劳动实践过程中所形成的绘画、摄影、泥塑、绘本、工艺等；

②文学作品包括以研学旅行或劳动实践为内容的小品文、朗诵词、演讲稿等；

③民歌创编及演唱包括学生个人或集体编创的歌词、歌谱、民歌独唱、民歌合唱、民歌联唱等。

（三）劳动教育、综合实践活动、研学旅行的相同点

①都是落实立德树人根本任务的综合实践育人途径；

②作为活动课程，均与学科课程相对应，都具有实践性、综合性、创新性的特点；

③课程均纳入中小学生教育教学计划；

④课程均采用多元化评价方式。

第三节　研学旅行狭义和广义的区分与发展

如上所述，研学旅行自开展以来，得到了社会各界的广泛关注：一方面来自研学旅行在教育上的价值和意义，这种注重核心素养养成的综合实践教育方式代表了中国基础教育领域的重要变革；另一方面来自研学旅行在旅游业态和旅游市场方面的价值，研学旅行跨界属性极强，可能涉及众多行业和广泛人群，这无疑为下行压力增大的经济形势和新冠疫情下衰退的旅游市场注入了一剂强心针。研学旅行在上述两方面的价值和意义，也使其发展呈现出多方利益博弈态势，地方政府、中小学校、家长、旅行社、景区和基地、各类带有研学属性的工业、农业、科研、红色场所都裹挟其中，研学旅行仍处于丛林发展时期。

这种发展现象，从涉及研学旅行最重要的两个文件可以看出端倪。在研学旅行最重要的文件之一——教育部等 11 部门印发的《关于推进中小学生研学旅行的意见》中，研学旅行被表述为：中小学生研学旅行是由教育部门和学校有计划地组织安排，通过集体旅行、集中食宿方式开展的研究性学习和旅行体验相结合的校外教育活动，是学校教育和校外教育衔接的创新形式，是教育教学的重要内容，是综合实践育人的有效途径。这个定义，教育属性极强，立德树人是其唯一价值。

2016 年 12 月，国家旅游局发布的《研学旅行服务规范》将研学旅行定义为：研学旅行是以中小学生为主体对象，以集体旅行生活为载体，以提升学生素质为教学目的，依托旅游吸引物等社会资源，进行体验式教育和研究性学习的一种教育旅游活动。这一定义的范畴相对较广，无论组织方、参与人群、活动性质均较为宽泛；在价值方面，除了体现立德树人的教育价值外，还可以清晰地看到市场和行业对研学旅行的期待。

所以，针对研学旅行广义和狭义的概念，既要坚持原则，把握核心，又要兼收并蓄，抓住重点。针对研学旅行广义和狭义的不同性质，规范标准，加强监管，共同推动研学旅行的健康发展。

在狭义研学旅行领域，必须旗帜鲜明地坚持立德树人这一根本任务，坚持研学旅行的教育性、实践性、安全性、公益性原则，严格按照《关于推进中小学生研学旅行的意见》《中小学综合实践活动课程指导纲要》《关于全面加强新时代大中小学劳动教育的意见》等文件的具体要求，根据不同学段的特点开展中小学生研学旅行和劳动教育活动。这是中小学生研学旅行的红线，也是产业界不可逾越的边界。

在广义研学旅行领域，研学旅行的对象则可放宽到成年人、老年人，具有研究性学习属性的旅行活动，包括夏（冬）令营、自然教育、体验营、老年人候鸟营等活动。目前这方面乱象较多，很多旅游活动游而不学，或者游而不研，游客体验较差。政府层面，应出台相应的管理办法和行业标准，对开展研学旅行活动的主体资质、内容框架、活动边界进行明确，对不符合研学旅行的活动予以严厉处置。产业界层面，应加强研学旅行的专业性建设，虽然属于广义研学旅行范畴，但其教育属性不容忽视，要把旅行中的学习和研究作为项目设计的重要环节，积极引入教育领域成熟的课程设计理念和方法，如项目式学习（Project-Based Learning，PBL）、教育戏剧理论等，推动研学旅行产品不断更新迭代。在研学旅行产品设计中，应强化版权意识，通过知识产权旅游对产品进行有效保护，防止传统的旅游产品抄袭导致的"劣币驱除良币"现象在研学旅行领域重演。产业界应积极加强行业互动、行业自律和行业管理，成立行业组织。学术界和高等院校要加强对广义研学旅行的研究和人才培养，为行业的健康发展奠定基石。

总之，从研学旅行的起源和发展看，研学旅行呈现出很强的融合基因。狭义研学旅行和广义研学旅行实质上并不对立，都是"旅行＋教育"的融合，其中教育是根本属性，旅行是根本场景，缺一不可。此外，研学旅行还是"基础教育＋终身教育"的融合，面向成年人、老年人的研学活动，属于人的终身教育领域。在具体处理狭义研学旅行和广义研学旅行方面，要注意以下原则：

①思路内容要"广"。树立万物皆可研学的理念，充分利用历史、文化、自然、社会资源的一切场景，深入挖掘教育属性。要积极吸纳一切经过市场检验、符合教育规律的研学产品，丰富研学旅行内容。

②原则、规则要"狭"。必须遵循教育的基本规律和国家政策性文件的要求，面向市场开展的广义研学活动，要在遵循教育规律的同时，严格遵守法律法规、行业规范，按照市场规律开展。

③二者互为补充，相互融合。狭义研学和广义研学是研学旅行活动在不同领域的具体体现，但教育的根本属性和旅行的根本场景是不变的。研学旅行在课程建设、师资培养、基地建设、产品推广等方面可以互为借鉴和补充。

第二章

导入：体验式学习活动设计与实践

本章导读

▶▶▶ 【本章概况】

成人学习与传统学校教育相比，学习目的更明确，这就要求我们在学习前必须充分了解成人的学习原则。成人教育的领军人物马尔科姆·诺尔斯根据自己大量的教学实践，对成人教育进行了系统而深入的研究，并总结出成人学习的四大关键原则：自愿性原则、经验性原则、自主性原则、行动性原则。根据成人的学习原则，通过"以学员为中心"的培训方式将学习的主动权交还给学习者本人，充分激发学习者本人的内在学习动机，引导他们主动去体验学习，在以团队为单位的互动体验中加强队伍的团队建设与凝聚力提升，为后期的学习培训打下基础。

▶▶▶ 【引言】

我们叫"研智队"，"智慧研学路，精彩每一步"，研学路上，总是那么精彩。

——总第 3 期学员

我们叫"无境队"，"学无止境，天天向上"，世界那么大，让学生走出教室，到外面去学习。

——总第 5 期学员

　　我们叫"梦之队"，"风景在路上，研学促成长"，通过研学，助力学生的核心素养发展。

——总第 11 期学员

　　我们叫"乐途队"，"研学旅行，乐在途中"，快乐学习旅途。

——总第 12—13 期学员

　　是的，以上是桂林旅游学院研学旅行指导师培训班小组学员在参与培训期间为所在学习小组所取的队名，队名代表着对研学旅行的目标与期望。

　　那么，为何需要为小组取队名呢？互动性教学策略形式有哪些？有效的教学活动设计是上好一次课的关键。随着教学培训技术的不断革新，许多崭新的培训方式应运而生，培训内容也不断多元化。根据成人学习的特性，结合文旅融合政策需求、人才成长需求，设计新型学习活动，有利于突出教学过程中的受训者主体地位，调动受训者自主学习的积极性，持续提升学习动力，促进学习能力转化为生产力。

第一节　成人学习原则

我为什么要改变？我为什么要知道？我为什么要按你说的做呢？成人学习的特点总会遇到此类问题，若没有能让学员信服的理由，即便学员来到培训现场，也是"身在曹营心在汉"，或者"听而不闻"。由于受训需求不同，大部分参加研学旅行指导师培训的学员动机是明确的，即"我缺哪方面的知识，你就应该讲哪方面的知识"。

研学旅行指导师培训与众多职业培训项目一样，学员均为成人。与传统的学校教育相比，培训目的更明确，这就要求我们在培训前充分了解成人的学习原则，掌握成人的学习特点，才能让其愿意学、主动学，并将学习成果自觉地应用到实际工作中，最大限度地发挥培训价值。

一、成人学习的四大关键原则

作为培训者，只有了解成人的学习规律和原则，才能帮助他们更好地完成学业。成人教育的领军人物马尔科姆·诺尔斯根据自己大量的教学实践，对成人教育进行了系统而深入的研究，并总结出成人学习的四大关键原则。

（一）自愿性原则

成人在学习某项知识或技能时，首先考虑的是这项知识或技能对他有没有帮助，能否借助学到的知识或技能改进其工作，或者这项知识或技能对他长期的职业发展和个人成长能够发挥哪些作用，如升迁、职业发展等。

职业培训往往因培训内容重复、培训方式不吸引学员，培训期间通常会有很多人请假不来，拿工作当借口，逃避培训。我们通过打造岗位经验内化和PPT设计课程来吸引参训学员，让他们意识到这些课程内容与他们自身是息息相关的，对他们个人的成长大有帮助，因此大家都会积极主动地参与活动。

所以，只有让成人认识到这项知识或技能对他有用，他才可能调动自身的注意力，让大脑处于高速运转状态，全身心地投入学习中。如果认为这项知识或技能对他的用处不大，那么无论是他的注意力还是学习意愿度都会迅速下降，教师讲授的内容对于他而言就像噪声一样。如此一来，培训效果就要大打折扣。

（二）经验性原则

在接受培训前，成人已通过大量的学习、训练和实践，熟练掌握了一系列的知识或技能。经过潜移默化这些知识或技能转化成为他们的经验。对于成人来说，丰富的经验既能够发挥很大的作用，也会变成学习的障碍。

一方面，丰富的经验能使成人比较快地理解培训的内容。他们能够利用自己的经验，对比将要学习的知识，取得举一反三的效果；或者在旧有知识和新知识之间搭起桥梁，将新知识迁移过去。

另一方面，过去的经验在某些时候也会变成成人学习的障碍。对于过去的经验，成人会潜意识地认为某些办法是行得通的，某些办法是行不通的，他们无法跳出经验设置的既定思维框，从而使自己局限在一小部分可能性里。

经验对成人学习效果的影响是不可避免的。因此，我们在课程设计时要充分考虑培训学员的经验背景，避免其对培训产生抵触心理。

（三）自主性原则

对于成人来说，尽管需要遵守社会、企业的各种规章制度，但是他们还是希望能够在规定范围内尽可能地行使自主权，获得一定的自由。对于培训来说，同样如此。

相对那些被动的、强迫式的学习，成人更偏好主动参与式学习，并且希望有自主决策的权利。在他们看来，如果能够主动参与某件事情，积极发挥主观能动性，往往能取得更好的效果。而且，积极主动地完成某件事情会成为他们自身能力的体现；反之，如果是被动地做某件事，他们可能认为这件事只是被要求做而已。因此，成人培训方式应结合培训主题、内容，以学员为中心，以研讨式、案例式、沙盘模拟体验式等方式，引导培训学员主动学习。

【知识链接】

现代人际关系学大师戴尔·卡耐基在斯坦福大学管理学院演讲时带上了一只母鸡和一把米。他在演讲开始后把米撒在桌子上，强按着母鸡的头去啄米，结果遭到了母鸡的强烈反抗，母鸡怎么都不肯啄米。卡耐基说："这就像你们未来将要管理的员工，如果他们自己不想学习，而你们非要让他们去参加培训，那么，培训成本（那把米）就会被浪费掉。"卡耐基认为，强制性教育会遭致员工的反抗，致使他们丧失主动学习的本性。

因此，在督促培训学员学习的过程中应以引导为主，适当地给予他们一定的自主权，以激发他们的自学意识，让他们主动接受指导，从而快速地成长起来。

（四）行动性原则

正如自愿性原则指出的那样，成人之所以接受培训，是因为培训的知识和内容对他们有用。尽管培训内容通常跟他们的工作或生活息息相关，培训结束后，仍有许多人不能很好地将所学的知识或技能迁移到工作或生活中去。

这是因为他们虽然已经学习了培训的知识或技能，但培训结束后并没有采取足够的行动来检验和巩固所学的内容，或者他们又习惯性地使用自己过去所掌握的办法行事，然后这些培训内容就迅速地被遗忘了，无法起到培训应有的效果。

关于成人的学习原则和规律，还有许多研究者也提出了自己的看法。美国著名培训师伊莱恩·碧柯在马尔科姆·诺尔斯提出的"成人学习的四大关键原则"理论的基础上，提出了成人学习规律的六个方面（表2-1）。

表2-1 碧柯提出的成人学习规律

项目	详细内容
目的明确	成人无论是学习知识或技能都带着非常明确的目的，首先他会问自己为什么要学习这些。即便某些知识或技能对他并没有太大的实用性，但这些知识或技能能够给他带来快乐，或者能够帮助他了解某个行业的情况等，那么他就会去学习。

续表

项目	详细内容
自我概念	所有人都不希望被强迫做什么，而成人在面对这一情况时，通常会考虑是否可以自己做一些决定。
经验主义	成人在此前的生活、学习、工作中获得了相当的经验，因此在学习新事物时，他会考虑过去的经验能否派上用场。
实用主义	大多数成人都希望在学习时，学习的内容和课程的形式能够直接、明确。
反思批判	在学习过程中，成人通常会思考这门课程自己是否真正需要。
意愿动力	学习某一门课程时，成人的态度通常趋于两极，要么持积极的态度，要么持消极的态度，很少持中间态度。

二、对接成人学习原则，提升培训效果

根据诺尔斯的成人学习四大关键原则，美国职业培训师哈罗德·D. 斯托洛维奇和艾瑞卡·吉普斯在《交互式培训》中指出，培训师在进行课程设计和教学引导时，可以从以下几个方面入手。

（一）关注学员需求，让学员自愿参与学习

要想让学员自愿参与学习，就要让他们亲身感受到培训内容对他们的工作或生活是有实实在在帮助的，证明他们是需要这些知识或技能的。具体来说，可以采取以下三个措施来实现自愿原则：

①用实际案例向学员展示将要培训的知识或技能；

②突出培训对学员个人未来发展的重要性；

③提供机会，让学员自己尝试用所学的知识或技能来解决问题。

其实实现自愿原则也很简单，只要关注学员需求，展示课程对学员的价值，自然就会吸引学员参与培训活动，则培训更有可能获得成功。

（二）了解学员经验背景，提高培训效率

教师在准备和进行培训时，需要尽可能多地了解学员的经验背景，培训

效率才会更高，效果也更为明显。可以从以下四个方面去准备和进行培训：

①了解学员的基本情况，包括工作岗位、受教育程度、知识结构、兴趣爱好等；

②尽可能采用学员比较熟悉的案例和相关道具来展示知识；

③利用学员熟悉的案例和道具，搭建起学员已掌握的知识或技能与培训知识或技能之间的桥梁，使学员顺利地从旧有知识体系迁移到新知识体系中来；

④谨防学员的经验给培训造成障碍，帮助学员打破思维定式，跳出既定的经验来思考问题。

（三）给学员一定的自主权，创造更大的价值

为了让培训取得好的成效，教师必须利用成人学习的自主原则，比如采取以下四个方面的措施：

①创造机会，让学员能够参与到培训中来，例如采用提问、讨论、上下课提醒等方式；

②让学员相互分享观点、建议、信息或者亲身经历的案例；

③鼓励和赞赏学员提出的具有独特性或者创造力的观点；

④对学员的意见或观点切勿轻易下结论或直接否定，以免伤害他们的自尊心。

（四）培养学员的行动意识，强化实际应用能力

培训结束后，教师应采取各种办法，让学员能够在工作和生活中使用所学的知识或技能，不至于遗忘。只有让学员坚持使用，培训才是有效的。为此，教师可以采取以下四种方法：

①向学员展示如何将所学的知识或技能应用到工作和生活中，并且为他们提供必要的帮助；

②尽可能地使培训接近学员的工作和生活环境，这样在培训时他们就可以应用相关的知识或技能；

③培训要与学员的工作流程对接，使学员的知识体系实现无缝迁移；

④无论是培训前还是培训后，都要给学员提供经常练习的机会。

为了帮助学员更好地学习，要求我们以学员的需求为出发点设计培训课程，帮助他们打开学习的思路，使其真正参与到学习中来，并将培训所学的知识或技能应用到工作和生活实践中去，为工作和生活创造价值。

第二节 以学员为中心的体验式学习

一、革新培训理念，转变培训方式

传统的培训方式大多以教师为中心，或者更准确地说，是以培训内容为中心。培训者主要围绕如何将培训内容灌输给学员展开各项工作，他们首先思考的是培训内容是否能清晰完整地灌输给学员，至于学员能否理解培训内容，能否将学习的知识或技能应用到实际工作和生活中去，这些很少去考虑。

传统的培训方式很容易出现学员参与度不高、注意力不集中或培训内容无法有效落地等情况，导致开展的培训工作无法为业务发展提供有效的推动力。

面对日新月异的时代和社会快速发展的实际需要，传统的培训方式越来越难以满足企业对员工技能的需要。基于此，"以学员为中心"的培训方式得到了越来越多的企事业单位的青睐。只有转变培训理念，将以教师为中心的培训方式转变为以学员为中心的培训方式，培训才能真正支撑起业务发展的需要。

"以学员为中心"的学习主要从两个方面来实现：第一，针对学员的个性需求，制订量体裁衣的培训内容和方式，有针对性地安排相应的培训课程。有研究表明，这种定制化的学习能够最大限度地激发学员的内在潜力，发挥他们的价值。第二，针对学员必须具备的能力来设定课程内容，即学员在学习某项知识或技能前，必须具备相关的能力，包括知识结构、素质、技能等方面的能力。只有具备了相关的能力，培训才能得以进行。

"以学员为中心"的培训方式将学习的主动权交还给学习者本人，能充分激发学习者的内在学习动机，推动他们主动去学习，避免出现传统培训单向灌输、学员被动接受的局面。

二、转变心态，积极引导培训

事实上，我们在接受教育时，经常会厌烦灌输式的教学。但是，一旦我们成为培训者，又很容易沿用那些原本令自己讨厌的做法。

要做到"以学员为中心"，教师就必须完成心态上的转变，从一名给学员灌输知识的教师变成一名引导学员学习、讨论、研究、分享的引导者。

师者，所以传道授业解惑也。在传统的认知里，学校的老师也好，职业的培训师也好，都承担着传道授业解惑的角色。在许多情况下，他们都被视为全方位领先于学员的存在，他们对知识的理解、技能的掌握、领域的认知，都应当超过学员，只有这样才能解答学员在学习相关内容时遇到的疑惑。

今天，知识和技能的领域越发细分，领域与领域之间的区分很明显，在这种情况下，一个人想深度掌握多个领域的内容已经不太现实。教师也是如此，不可能掌握所有的内容，也不必掌握所有的内容。

如今对教师的要求也发生了变化。教师应该树立起这样一个观念：教师不再是简单灌输知识的角色。在"以学员为中心"的学习中，教师要承担起引导作用，教师和学员之间并非简单的师生关系，而是更为紧密的、互相协助的关系，所有人都基于某一方面或领域的知识、技能进行探讨和研究。甚至在讨论时，学员可能比教师更快地理解或掌握某些概念。总而言之，这是一个集体学习活动，而教师在集体学习活动中承担引导学习方向的角色。

让学员根据需求来选择学习项目，这种方式给了学员很大的自主权和决策权，也提升了他们参与学习活动的积极性。

在学习中，要做好引导工作并非易事。作为教师，必须在培训过程中将学习导向更为合理的方向，这样才能确保培训围绕预期目标展开，不至于偏离方向。

因此，教师必须在培训前做好备课工作，并对培训内容有深刻的理解和认识。只有这样，教师在培训过程中才能做好引导工作，应对可能遇到的问题，解答学员学习的疑惑。也就是说，教师要正确地认识自己、学员、课程之间的关系，这个角色的心态和认识，关系到培训的成败。

三、以体验式学习引导学习活动设计

子思在《中庸》里论述了关于治学的千古名句："博学之，审问之，慎思之，明辨之，笃行之。"其所表达的正是关于学习的五个递进阶段。

博学之说的是学习首先要有广泛的猎取和输入，要培养学习的兴趣和好奇心。没有好奇心和兴趣哪有博学的可能？

审问之即在学习中遇到不清楚的地方就要追问到底，要对所学加以审视，积极地与他人互动。

慎思之即问过以后还要自己学会思考和分析，否则所学不能为己所用。

明辨之即学问是愈辨愈明，不辨，则所谓博学就会鱼龙混杂、真伪难辨，学得越多可能困惑越多。

笃行之是学习的最高阶段，即"所学要有所用"，做到"知行合一"。

由以上分析可以发现，古人眼中理想的学习场景应有提问、思考、练习、研讨、实践等元素，把这些元素对应到培训中，特别是在"以学员为中心"的培训中，理想的培训场景是学员积极参与培训的各个环节。

美国大卫·库伯教授提出的"体验式学习"理论是体验教育的核心理论支撑。他提出的体验式学习模型是体验式学习理论的代表，体验教育培训就是遵循"体验教育"理论来设计和实施的。

大卫·库伯认为学习不是内容的获得与传递，而是通过经验的转换从而创造知识的过程。他用学习循环模型来描述体验式学习，该模型包括四个步骤：①实际经历和体验——完全投入当时当地的实际体验活动；②观察和反思——从多个角度观察和思考实际体验活动和经历；③抽象概念和归纳的形成——通过观察与思考，抽象出合乎逻辑的概念和理论；④在新环境中测试新概念的含义——运用这些理论去作出决策和解决问题，并在实际工作中验证自己新形成的概念和理论。

体验式学习理论的完整提出，大卫·库伯在当时构建了一个体验式学习模型——体验式学习圈。他提出有效的学习应从体验开始，进而发表看法，然后进行反思，再总结形成理论，最后将理论应用于实践。在这一过程中，他强调共享与应用。这个理论一出，就给当时西方的很多企业管理者极大的启示，他们认为这种强调"做中学"的体验式学习，能够将学习者掌握的知识、潜能真正地发挥出来，是提高工作效率的有效学习模式。因此，体验式学习一夜之间成为西方广大企业争相采纳、培训员工的一种流行培训方式。

体验式学习是一种以学习者为中心的学习方式，这种学习方式的开展需要通过实践与反思的结合才能获得期望的知识、技能和态度。围绕一定培训目的，把学习点活动化处理，形成在一定时间压力下的团队任务，并通过体验活动过程发生的现象进行深度反思，领悟管理原理并应用于实践。

这就需要对学习活动进行设计。学习活动设计是指根据课程内容，设计学员的学习方式与学习过程的工作。学习活动存在的目的不仅在于活动气氛，更在于能够有效地让学员参与进来，成为学习的中心，激活学员的经验，辅助其建构知识，进而实现学员对教师培训内容的理解、认可并且愿意去改变。

学习活动设计之前需要"培训内容"完备。通常在课程设计里先有内容，后有学习活动。一名教师先要有传递给学员的工作思路和方法，然后才会思考：我要如何讲给学员？

学习活动设计是一个不断更新迭代的过程。学习活动设计出来后，真正去体验、使用它的是课堂上的学员，因此我们的所有设计都要基于学员的特点与实际需要，并且根据学员的反馈意见不断完善。需要完善的不仅包括时间分配、活动流程，还包括活动的引导语等。

第三节　团队建设与凝聚力提升 ·································

相对那些被动的、强迫式的学习，成人更偏好主动参与式学习，并且希望有自主决策的权利。在他们看来，如果能够主动参与某件事情，积极发挥自己的主观能动性，往往能取得更好的效果。因此，在培训过程中，教师要通过设计各种活动，引导学员自主学习，激发他们的自学意识，让他们主动接受指导，从而快速地成长起来。

一、设计破冰活动，吸引学员关注

破冰是培训中的一项专业技术，成功的破冰不仅可以达到学员融合，吸引学员注意力，更是决定整个培训能否达到预期效果的关键。所有破冰活动的设计都是为培训目的服务的，破冰活动类型很多，需要根据培训目的进行选择。

（一）开展破冰活动的重要意义

可以想象，大多数教师在第一次走进教室时的感觉——仿佛有一堵无形的墙伫立在自己与学员之间。墙是将学员和教师分开的假想边界，它使教师无法与学员进行真正的互动，也无法就想法进行自由分享，双方根本没有信任的基础。如果教师想要与学员有任何类型的交互，就必须拆除这堵墙，而拆除这堵墙的必要步骤就是破冰。

破冰活动的主要目的是介绍团队成员相互认识，帮助学员间相互熟悉，引出培训课程的主题。学员通过共同完成任务相互认识，沟通交流，为培训期间的学习与合作创造良好氛围。

将破冰活动作为培训工作，通过破冰引出课程内容，能够帮助学员从一开始就把注意力集中在课程方面。破冰活动有助于培训基调的建立、学习氛围的营造，但是教师要特别注意把控破冰活动的时间。如果破冰活动设计得过于活跃，很容易使课堂失控，比如超出时间限制，或者浪费活动创造的正能量。因此也有人认为，破冰活动实在是浪费培训时间，如果允许，可以缩短甚至取消破冰时间。但是，如果直接进入课程，可能会出现如表2-2所示的问题。

表 2-2 缺少破冰活动可能产生的问题

序号	具体问题
1	缺少互动，通常会让学员感到无聊甚至对教师产生不满情绪
2	教师在课堂后期必须不断回溯，了解早些时候就应该提出的问题，以及应对本可让学员通过破冰避免的情况
3	大大减缓了团队的形成速度，削弱了培训效果

通过破冰活动，可让学员了解教师及其教学风格。在开展破冰活动的过程中，通过记笔记将有价值的信息组织起来向学员展示，这是体现重视学员信息的最好方式。

破冰在培训现场很重要，可以让学员认可教师，或者让学员的目光自然地被教师吸引，这有利于培训课程的顺利进行。一般来说，教师介绍完自己的相关情况以及本次培训课程的关键内容与目标后，就开始破冰活动了，以此激活培训现场的能量，使学员快速进入课程状态，活动起来。破冰包括三层含义：

①学员之间的关系解冻，团队氛围、团队成员之间的关系达到一种融洽状态；

②学员对教师本身的认识由不了解、有偏见、不重视达到一种正确对待的心理状态；

③学员与教师之间的关系由不认识、不信任、不放心甚至不接受到对教师产生正确的看法，认可教师，接受教师。

精心策划的破冰活动能确保培训课程从一开始就拥有较高的参与度和关注度。因此，教师要重视破冰活动的设计，充分吸引学员的关注度。

（二）设计破冰活动时的考虑因素

常用的破冰活动主要有游戏、舞蹈、故事、情景扮演等方式（表 2-3）。

表 2-3　常用的破冰方式

序号	方式	具体内容
1	游戏	游戏是最常见的破冰方式之一，可以减少教师的控场压力，通过游戏能观察团队和个人，游戏同时也是打破人与人之间隔阂的最佳方式
2	舞蹈	这种破冰方式对教师的要求非常高，但对学员的感染力很强，易提升他们的参与热情
3	故事	适用于层次较高的、年龄较大的团队。采用故事形式的破冰，一定要条理清晰、引人入胜，保留悬念

不同的场景，要采用不同的破冰活动才有效，设计破冰活动必须考虑各种因素。

①选择有针对性的破冰活动。根据学员群体的特征选择合适的破冰活动，同时还要考虑培训内容与破冰活动的匹配度。

②考虑培训项目可以分配给破冰活动的时间。培训项目时长将影响教师对破冰技巧的选择。如果培训时间少于一小时，那么破冰就是不切实际的。在这种短时间的培训中，教师通常不会有很多时间让学员进行交互。但是可以用与主题相关的故事、类比或问题等方式让学员进行热身。如果培训时间比较长，那么在设计破冰活动时，教师可以自由发挥的空间就比较大，可设计多种破冰活动，但是也要注意不宜过多，避免影响培训效果。

③考虑课程所需的交互水平。大多数培训的目标是营造一种想要参与的人都能参与的氛围，这时候教师就可以设计一些活跃气氛的破冰活动。但如果是比较严肃的培训现场，教师在设计破冰活动时则要有所考虑，切勿让自己显得很夸张。

【案例】

在"长春市新教师培训项目"中设计的破冰活动开展步骤：

（1）教师事先将所有学员分成 5 组，每组 10 人。

（2）教师在介绍完培训课程主题后，进行自我介绍，向学员展示 5 条关于教师的个人信息，其中有一条是假的，请学员找出来。这是教师和学员之间的破冰。

（3）第一个活动，介绍小组成员。小组成员围成一圈。

（4）任意提名一位学员自我介绍单位、姓名。

（5）第二名学员自我介绍时要说：我是来自……的……后面的来自……的……

（6）第三名学员说：我是来自……的……后面的来自……的……后面的……依次说下去。最后介绍的一名学员要将前面所有学员的单位、名字复述一遍。让小组成员之间完成互相认识。

（7）第二个活动，同舟共济。各个小组要完成的任务是：全组成员合作在纸上画一条船；为小组命名，设计代表小组的口号，选出组长，设计组标；将组名、组标和口号写在船上；小组展示，展示的时候全组成员都必须站在船内。这个活动是让小组成员展示才艺，增强小组的凝聚力。

（8）教师总结。教师充分肯定了学员在破冰活动中的参与热情，并对表现突出的学员给予奖励（一个小记事本），希望学员在以后的培训中再接再厉。

随着培训的发展，破冰方式也越来越多。使用时要根据不同的团队、不同的场景、不同的培训目的，采用不同的破冰方式。

二、团队建设与凝聚力提升步骤

结合体验式学习模型四个步骤，在体验式培训的团队建设中，整个活动主要通过五个环节来完成：

体验：参加一项活动，以观察、行动和表达的形式进行。这种体验是整个活动过程的基础。

分享：体验过程结束后，参加者分享自己的感受或观察结果。

交流：分享是第一步，关键是把参加者的互相交流结合起来，与其他体验者探讨交流。

整合：总结原则或归纳提取精华，以帮助参加者进一步定义和认清体验

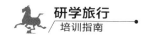

得出的结果。

应用：最后将体验联系到工作中。

根据上述五个环节，结合研学旅行指导师培训对指导师要求的学科结构多元等特性，在实践中取得的经验，将研学旅行指导师培训前期的团队建设与凝聚力提升，通过以体验式学习活动设计与实践课程总结为背、全、相、联、多、展、延七个步骤。

背（背景）：涉及活动出台的背景、现状、此次活动的意义等；

全：全体参与、消除隔阂（鼓励全体参与、避免旁观孤立）；

相：相互学习、彼此促进（利用学员经验、促进相互学习）；

联：关联主题、学习迁移（关联课程内容、加速学习迁移）；

多：多感联动、身心合一（调动多元感官、促进身心合一）；

展：展示风采、展望未来（激发学员信心、展示学习成绩）；

延（延伸）：与后面的课程、活动、考核以及学员结业后彼此的互通、业务合作等密切关联。

七个步骤中仍包括各种子活动，每个子活动又分为前、中、后期三个阶段。

前期的准备和热身：活动的说明、规则、辅助道具的使用；

中期的行动和体验：活动的开展，具体的流程与实施，以及要点说明；

后期的总结与分享：活动在开展过程中出现的问题，小组成员进行交流与总结、及时进行分享，促进相互提高。

三、团队建设与凝聚力提升实践

基于以上体验式学习活动设计与实践课程的七个步骤，将研学旅行指导师培训的团队建设与凝聚力提升活动设计进行拆分、叙述：

（一）背：背景

这部分主要是对主题内容背景、社会需求、意义进行介绍，其次是对体验教育培训的形式，如体验教育基本内涵、形式、特色作出说明，以便学员深刻了解体验教育这一新型教育培训方式。同时以班会形式介绍班委、强调班级纪律、日程安排说明及考核要求等，为培训班顺利开课打下前期基础。

《关于推进中小学生研学旅行的意见》《研学旅行服务规范》《研学旅行指导师（中小学）专业标准》《中小学综合实践活动课程指导纲要》等以及其他相关政策文件。

（二）全：全体参与、消除隔阂

有效的学习活动应当尽量调动更大范围的学员参与，而不是让一部分学员主导或代劳，另一部分学员袖手旁观，甚至由于活动机制的原因无法融入思考和达成一致意见，这往往可以通过把参与的规模从全班和大组缩小到2～3人的小组来实现。组变小后，组里的每个成员对他人的依赖性就会减小，从而促使他们主动地投入活动。另外，在学习活动中需要为不同的人安排不同的角色，避免出现有人参与、有人闲在一边没事干的情况。

在培训前，教师与学员都会有紧张的感觉。为消除学员的拘谨，在开始培训前，可通过游戏化方式打破参与者之间的天然屏障，拉近彼此间的距离，为接下来的团队建设、团队学习打下基础。为此，设计了两个活动"我的名牌""同心圆自我介绍"。

【案例】

我的名牌

桌卡 DIY 设计。

向组员介绍自己。

目的：消除紧张，熟悉每一位小组成员，促进学员间主动交流。

同心圆自我介绍

所有人排成两个同心圆，随着歌声同心圆转动，歌声一停，面对面的两个人相互自我介绍。

排成相对的两个同心圆，边唱边转，内外圈的旋转方向相反。歌声告一段落时停止转动，面对面的两个人彼此握手寒暄并相互自我介绍。歌声再起时，游戏继续进行。

旋转圈数根据人数决定，直至大部分人都相互认识，基本达到彼此融洽

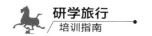
的氛围即可。

以上两个游戏由小组内扩充至两个或多个小组，以由小至大、由少至多的方式逐步建立起学员之间的沟通与联系。

【知识链接】

游戏作为体验式学习的主要方式，何为游戏？荷兰学者胡伊青加曾经给游戏下过一个比较权威的定义：游戏是一种自愿的活动或消遣，这一活动或消遣是在某一固定的时空范围内进行的，其规则是游戏者自愿接受的，但是又有绝对的约束力，游戏以自身为目的而又伴有一种紧张、愉快的情感以及对它"不同于日常生活"的意识。

游戏具有自愿性、自由性、非实利性、规则性、趣味性、挑战性、竞争性等特性。根据游戏的功能，教育游戏是一切兼具教育性和趣味性的教育软件，教具和玩具，包括专门以教育为目的开发的电子游戏、桌游、教具和玩具，具有教育价值的商业游戏，以及趣味性比较强的教育软件。

在教育中导入游戏元素，最常用的是积分制。在培训班学习时，学员个体是有惰性的，而学员之间又有微妙的竞争意识，基于这种特性，培训者可以采用个人（团队）积分表，以学员之间 PK 或小组之间 PK 的形式，通过对抗促进学习效果，激发学员的参与度。

分数排名可以激发学员的外在学习动机，增强学员的培训意愿和投入度；同时，通过积分表，可以找到标兵学员，通过标兵学员对培训现场的学习场景进行宣传，影响和引导更多的人参与学习，增强培训效果。

（三）相：相互学习、彼此促进

学员起点与经验参差不齐，是培训中的常态。即便是新员工入职培训，大家的知识背景、领悟能力也有差异。此时无论就高还是就低都存在弊端。与其消极地看待学员之间的起点差异，不如主动地拥抱这一特征，想方设法创造机会让他们互教互学、互相纠正、互相分享。这样不仅有利于他们从身边的伙伴身上学习，而且还可以减缓教师作为唯一知识输出源泉的压力。

基于体验了"我的名牌""同心圆自我介绍"两个活动，基本消除了学员间的隔阂，打破了沉静，但基于人性的自我保护及自我学习的驱动力尚未激发，在此设计了"意外的数字"活动。

【案例】

意外的数字

根据提前准备好的小卡片，请每位学员写下自己从事教育或旅游工作的年限。

各小组所有成员的数字相加，令学员理解自己没有遇到过的状况，其他学员也许曾遇到过，促进学员间主动交流与分享。

【知识链接】

贝尔宾团队角色理论

剑桥产业培训研究部前主任贝尔宾博士和他的同事们在澳大利亚和英国经过多年的研究与实践，提出了著名的贝尔宾团队角色理论，即一支结构合理的团队应该由八种角色组成，后来修订为九种角色。贝尔宾团队角色理论认为，高效的团队工作有赖于默契协作。团队成员必须清楚其他人所扮演的角色，了解如何相互弥补不足，发挥优势。成功的团队协作可以提高生产力，鼓舞士气，激励创新。

在企业团队中，团队成员最好能够掌握互补技能并且具有互补背景，我们很难看到每一个团队成员都恰好掌握所有的一般技能和专业技能，而这是团队取得令人满意的成绩所必须的。因此，建设"完整"的团队，就要把不同背景、年龄、经验、教育和性别的人纳入团队，使整个团队掌握满足要求和期望所需要的全部技能，包括一般技能和专业技能。

团队学习、体验教育不仅是以个人成长为目的，更是团队成长培训的较好形式。团队学习是通过各种精心设计的活动，使团队成员在具体问题面前以及相互交流的过程中，实现个人潜能激发和团队熔炼的目的。

（四）联：关联主题、学习迁移

学习活动应尽量与主题有关，直接把知识点融会贯通其中。如果定位是

体验，就要设计对大家的有效引导与反思，促使学员将感悟知识点相互关联。越基层的学员，学习内容越偏向业务与技术，就越需要注意这一点，指望大家活动结束后自己联系实际完成跨情境迁移是不现实和不负责任的。

【案例】

诗圣小神童

课程链接：苏教版语文三年级上册第三课《古诗两首》第二首。

根据提供的素材，结合小学课本的古诗，关联培训主题。通过学员的亲身经历和反思内省，不断提升自我概念，形成积极的情感、态度和价值观，促进人格升华，完成自我教育。

以上设计"诗圣小神童"活动关联培训的主题，研学旅行指导师的职业素养要求除了教育学、心理学、管理学等知识外，还应对中小学学科知识有所了解，所谓"知己知彼"，作为中小学生的指导师，若对他们所学知识不了解，对开展研学旅行指导师工作来说，必将受到或多或少的阻碍。基于此，特设计两个与中小学生语文、历史相关联的活动，引导研学旅行指导师加强中小学学科知识的学习，为今后顺利开展研学旅行活动做铺垫。

（五）多：多感联动、身心合一

学习是全感官的参与，而不只是头脑的事情。一般来说，我们比较重视听觉、视觉和头脑的参与，往往忽视身体的投入和参与。大卫·梅尔在《培训学习手册》中指出："如果没有身体的运动，思想往往是沉寂的。""思想就是身体，身体就是思想。"现代心理学研究发现，在家不经常做家务的孩子更容易离家出走。缺乏身体投入会导致思想和心理的认同感匮乏。为了做到这一点，教师可以在课堂上时不时地安排一些活动让学员起立或走动，条件允许也可以席地而坐。更重要的是，离开自己熟悉的座位去跟同伴巡游、两两分享、身体接触，这些都将激发身体与头脑、心灵的协调参与。

【案例】

我们是团队

分组先选出队长，完成队名、队旗、队歌、口号……

设计"我们是团队"活动，在排队展示风采的过程中，熔炼一个团队，令所有学员明白团队的成功需要全部成员付出全部的力量才能真正成功。

（六）展：展示风采、展望未来

学员参加学习是因为他们自身的不足，但他们需要在学习中看到自己的成长和进步以激励自己坚持和继续探索。特别是刚开始学习的时候，场景和同伴还比较陌生，如将他们置身于一些挑战性的测试或情景中，往往容易导致冷场和退缩，这时最好是安排组内分享。另外，需要定期向他们展示各自的成绩。笔者在培训销售教师视觉思维时，特别注意不断地邀请学员对感知自己能否画画做表决。当看到举手的人从开课时的几个逐渐增多到课程结束时的 100% 时，大家的喜悦感和学习承诺度无以言表。在这个步骤中设计了"学习乐'研'"活动。

【案例】

学习乐"研"

风采展示活动，每个团队都有各自特有的风采，都有属于自己别具一格的精神气，鼓励每一位学员勇于展示自己的风采。

（七）延：延伸

注重转化，构建学习价值链。学习转化是培训与发展项目中创造价值的关键。当学员学到了新技能或新知识运用到日常工作中，并促使个人和组织绩效提高时，培训便有了价值。这得益于对关键性场景的筛选和还原，梳理出价值点，形成价值链。学习价值链注重按照认知—行为—结果这一顺序转换迭代，为企业创造价值。不管是设计了什么活动进行团队建设与凝聚力提升，最终目的都是发挥教师的促进作用，针对培训内容对学员进行答疑指导，跟进支持；以及加强培训学员之间的联络交流，便于学员之间探讨所学知识或技能在工作中的应用，并分享成功经验，形成互帮互助、激励或监督的融洽氛围，为后期培训打下良好的基础。

第三章

构建：构建研学旅行课程设计体系

本章导读

▶▶▶ 【本章概况】

　　本章是全书的核心章节，也是研学旅行活动的核心内容。本章首先阐述研学旅行备课的基本理论，紧接着阐述如何编写研学旅行课程方案、如何上好研学旅行课、上研学旅行课必须掌握的五个基本环节，以及上好研学旅行课的基本要求等内容，最后一节展示研学旅行主题课程、专题课程设计方案，为读者编写研学旅行课程方案提供参考性模板，极具借鉴意义。

第一节　研学旅行前的备课基本要求

我们在开展研学旅行活动前首先要备课，具体包括以下几个方面。

一、熟悉三个基本阶段

按照时间进度的不同，研学旅行可分为研学旅行前、研学旅行中、研学旅行后三个基本阶段。根据每一阶段任务的不同，研学旅行又可分为研学旅行前的备课、研学旅行中的上课、研学旅行后的服务等环节。

二、掌握九个基本内容

（一）备学生

研学旅行指导师要了解、熟悉学生的来源、学生所在年级、学生现有知识技能储备状况和对研学旅行目的地综合知识掌握程度，以及学生身体状况、家庭状况、习惯特点等方面的内容。

（二）备教材

研学旅行使用的教材既包括研学旅行基地、营地课程教材，也包括中小学现行课程教材。研学旅行课程教材是研学旅行基地、营地根据学校提出的研学旅行主题，结合自身的研学旅行课程资源和文化特色编制的研学旅行课程参考教材。

（三）备问题

备问题是指研学旅行前研学旅行指导师要把研学旅行过程中可能涉及的问题或预料到的问题整理出来，并确定解决问题的办法，才能在讲课时做到心中有数，有的放矢。

（四）备主题

确定研学旅行课程主题是开展研学旅行的第一步，它直接影响研学旅行能否顺利开展以及开展后的课程实施效果，主题要选择研学旅行目的地的地域特色文化。比如，山东曲阜突出儒家文化、广西突出少数民族风情文化。

（五）备研学旅行目的地

研学旅行目的地包括研学旅行基地、研学旅行营地、研学旅行综合体等研学旅行资源单位。研学旅行目的地构成要素的核心内容包括：具有独特的研学旅行吸引物；具有足够的研学旅行活动空间和规模支持；能提供系统、完备的研学旅行设施和服务；需要得到当地教育部门的认同、参与并提供各类支持保障；具有一定的可管理性。

（六）备背景

研学旅行背景是指研学旅行基地、营地或研学旅行目的地等研学旅行资源单位对研学旅行活动的发生、发展、变化起重要作用的客观情况。包括历史文化背景、政治背景、旅游资源背景、研学旅行基地营地背景、食住行情况背景等。

（七）备研学点

研学点是指研学旅行主题课程体系中的某一方面比较突出的专题课程，就是通常理解的小课题、小景点、小实践点、小内容等。

（八）备安全

研学旅行安全内容的备课，包括六个方面：研学旅行安全管理工作方案；研学旅行应急预案操作制度；研学旅行产品安全评估制度；研学旅行安全教育培训制度；未成年人监护办法；疫情、地震、火灾、食品卫生、治安事件、设施设备故障等在内的各项突发事件应急预案，定期组织演练方案。

（九）备方式方法

研学方式主要有考察探究、社会服务、设计制作、职业体验、劳动教育、党团队教育活动、博物馆参观等。

研学方法主要有课堂讲授法、问题探究式、训练与实践式、现代信息技术、参观游览法、讲解法等。

三、了解三个编写过程

研学旅行课程方案编写过程包括个人编写方案、集体讨论方案、现场完善方案。

（一）个人编写方案

学校和研学旅行基地营地分别组织相关人员围绕主题由个人先行编写课程方案。个人编写方案包括编写内容、编写教学方式、编写教学方法、编写研学重点难点、编写研学过程、编写研学评价方式方法、编写研学反思、编写人员分工方案、编写安全预案等。

（二）集体讨论方案

学校与基地营地课程研发团队对各方提供的个人编写的课程方案，进行深度沟通、研讨，取长补短，确定研学旅行课程方案。集体讨论方案的程序如下：研学旅行指导师说课—团队评课—研学旅行指导师修订方案—研学旅行指导师再说课—团队再评课确定方案。

（三）现场完善方案

到基地、营地现场按照集体共同研发的课程方案，模拟学生身份进行全流程体验、查漏补缺、完善课程方案。

第二节　编写研学旅行主题课程方案 ·······················

研学旅行主题课程方案是研学旅行指导师根据研学旅行活动所用的研学旅行资源单位教材、学校教科书和学校教学总要求，结合研学旅行学生的具体情况，按照研学旅行目标编制的研学旅行进度计划。

一、主题课程方案要素

研学旅行主题课程方案包括学校常规要素和研学旅行要素两个方面。

（一）学校常规要素

学校常规要素是指学校常规教学教案中常有的要素，主要包括课程名称、学校班级、课程设计人、学校代表、带队教师、课时、教学内容、教学方式、教学方法、教学评价、教学反思等。

（二）研学旅行要素

研学旅行要素是指研学旅行涉及的要素，主要包括项目组长、研学旅行目的地、项目具体负责人、师资配置情况、活动经费、安全管理制度及防控措施等。

1. 项目组长

研学旅行项目组长是在研学旅行活动中，全程随团活动并负责统筹协调研学旅行各项工作的旅行社专业人员。在研学旅行实践中，研学旅行项目组长一般由旅行社研学旅行项目部经理或负责研学旅行的副总经理担任。如果是学校自行开展的研学旅行活动，项目组长就是学校业务负责人或校长指定的其他业务领导。

2. 研学旅行目的地

在设计主题课程方案时，研学旅行课程中涉及的研学旅行目的地的全部活动地点和资源均应编入方案。

3. 项目具体负责人

研学旅行项目具体负责人是指根据研学旅行项目组长的派遣，负责研学旅行具体项目和内容实施的专业人员。研学旅行项目具体负责人包括研学旅行指导师、导游、安全员、项目专家等。

4. 师资配置情况

研学旅行师资包括参与研学旅行活动的学校代表、带队教师、研学旅行指导师、安全员、导游、项目专家和其他工作人员。在实践中，有的把救生人员、医务人员、安保人员、家长志愿者列入其中，安排相应的任务，赋予岗位职责，也可参考设计。

5. 活动经费

研学旅行活动经费是指举办研学旅行活动各种开销的费用，包括住宿费、餐费、门票（半价、免票）、交通费、授课费（研学旅行指导师费、授课项目专家费）、服务费（研学机构服务费、场地租赁费、旅行社服务费、导游服务费）、保险费、服装费、材料装备费、教材费等。

6. 安全管理制度及防控措施

研学旅行安全管理制度及防控措施包括：研学旅行安全管理工作方案；研学旅行应急预案操作制度；研学旅行产品安全评估制度；研学旅行安全教育培训制度；未成年人监护办法；疫情、地震、火灾、食品卫生、治安事件、设施设备突发故障等在内的各项突发事件应急预案等。

二、主题课程方案格式

根据研学旅行主题课程方案要素编写相应格式（图 3-1）。

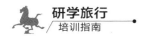

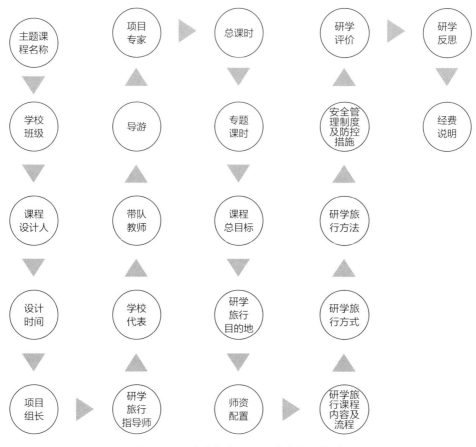

图 3-1　研学旅行主题课程方案编写格式

第三节　编写研学旅行专题课程方案

研学旅行专题课程是指在实施研学旅行教育教学过程中，为达到某一专门教学目的或解决某一专门问题而对学生进行的教育课程，如陶器制作、剪纸技术、我是小交警体验、荷花盆景制作等。

一、专题课程方案要素

研学旅行专题课程方案包括学校常规要素和研学旅行要素两个方面。

（一）学校常规要素

学校常规要素是指学校常规教学教案中常有的要素，主要包括专题课程名称、学校班级、带队教师、课程设计人、研学旅行指导师、专题课时、课程目标、研学内容、研学重点、研学难点、研学教具、研学方法、研学方式、研学过程、研学评价、研学反思等。下面重点介绍一下课程目标。

1.综合素质目标

2017 年，教育部发布的《中小学综合实践活动课程指导纲要》指出，中小学综合实践活动课程的总目标包括价值体认、责任担当、问题解决、创意物化等四个方面的意识和能力，这是由三维目标和核心素养目标演变而来的综合素质目标。鉴于研学旅行课程和综合实践活动课程存在许许多多的共同点，我们认为在研学旅行课程目标的设计上，应与学校的综合实践活动课程的综合素质目标统筹考虑，研学旅行专题课程目标完全可以包括价值体认、责任担当、问题解决、创意物化等四个方面的意识和能力。

2.核心素养目标

学生发展核心素养主要指学生应具备的，能够适应终身发展和社会发展需要的必备品格和关键能力。我国学生核心素养以培养"全面发展的人"为核心，其框架由文化基础、自主发展、社会参与三个方面构成，综合表现为人文底蕴、科学精神、学会学习、健康生活、责任担当、实践创新六大素养，具体细化为国家认同等 18 个基本要点。

3.劳动教育目标

2020年7月，教育部印发《大中小学劳动教育指导纲要（试行）》，明确指出劳动教育的总体目标，准确把握社会主义建设者和接班人的劳动精神面貌、劳动价值取向和劳动技能水平的培养要求，全面提高学生劳动素养，使学生树立正确的劳动观念，具有必备的劳动能力，培育积极的劳动精神，养成良好的劳动习惯和品质。

（二）研学旅行要素

研学旅行要素是指在研学旅行过程中涉及的要素，包括研学旅行背景、研学链接、导游、研学旅行地点等。

1.研学旅行背景

研学旅行背景是指研学旅行资源单位的历史文化背景、政治背景、旅游资源背景、研学旅行基地背景、食住行背景等。我们在编写研学旅行专题课程方案时，应把研学旅行资源单位的这些背景一一介绍出来。无论是研学旅行宣传手册，还是学生的研学旅行教材，以及研学旅行指导师的研学旅行课程教案都少不了研学旅行背景这一重要组成部分。

2.研学链接

研学链接是指研学旅行专题课程内容和中小学现行课程教材中相关联的知识链接。

导游和研学旅行地点等要素不再一一赘述。

二、专题课程方案格式

根据研学旅行专题课程方案要素编写相应格式（图3-2）。

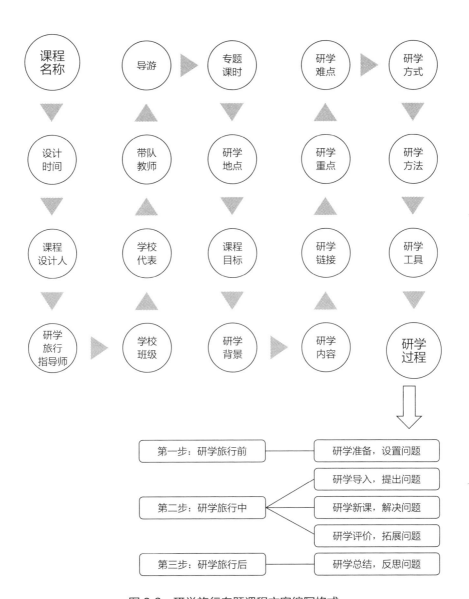

图 3-2　研学旅行专题课程方案编写格式

第四节 研学旅行上课的基本环节 ·······························

上课是整个研学旅行活动的中心环节，也是提高研学旅行质量的关键。研学旅行课按照实施时间顺序可分为研学前、研学中和研学后三个基本步骤。按照教学任务，研学旅行课可分为五个基本环节：研学准备，设置问题；研学导入，提出问题；研学新课，解决问题；研学评价，拓展问题；研学总结，反思问题。在实践中，我们称其为"三步五环教学法"（表3-1）。

表3-1 研学旅行"三步五环教学法"

步骤	研学段	环节	环节名称
第一步	研学前	第一环	研学准备，设置问题
第二步	研学中	第二环	研学导入，提出问题
		第三环	研学新课，解决问题
		第四环	研学评价，拓展问题
第三步	研学后	第五环	研学总结，反思问题

一、研学准备，设置问题

研学准备就是研学旅行前的准备，是指在研学旅行活动开始前，教师把与研学旅行有关的问题、事宜提前告知学生，让学生做好准备，为顺利开展研学旅行课程创造条件，以便达到预期的研学旅行教学效果。

研学准备的主要内容有组建研学旅行小组、告知课程目标、布置研学任务、做好研学事务准备。

二、研学导入，提出问题

"研学导入，提出问题"是"三步五环教学法"的第二个环节，这一环节的主要内容有组织教学、检查研学前任务。

三、研学新课，解决问题

"研学新课，解决问题"就是研究学习新的研学旅行课程，解决研学旅行教学目标所涉及的研学内容和问题。这是"三步五环教学法"的第三个环节，是研学旅行教学的主要部分，也是整个研学旅行课程教学的中心环节。这一环节的主要内容有传授知识和技能、演练知识和技能、提高学生的核心素养。研学旅行上课的基本要求如下：

（一）始终围绕目标教学

研学旅行教学活动全程注重立德树人这一根本任务，突出核心素质教育导向，培养学生成为德智体美全面发展的社会主义建设者和接班人。

（二）始终分组开展活动

全程始终分组开展活动，引导学生在各自的小组内尽职尽责，分工合作，培养团结合作意识和责任担当意识。在研学旅行中分组开展活动，便于激发学生的活动兴趣；培养学生的自学能力；提高学生解决问题的能力；锻炼学生发散思维的能力；培养团队合作能力；营造团队互助合作氛围。

（三）确保学生全员参加亲自体验

无论哪种模式的课程，务必做到学生人人动手，个个参加，亲自体验、考察探究，确保每个学生都能成功，享受成功的喜悦，享受研学旅行带来的快乐。

（四）发挥先进学生的模范带头作用

整个研学旅行过程，始终发挥班干部、共青团员、少先队员等先锋模范人物的带头作用，依靠先锋模范学生，引领全体学生全身心地投入研学旅行中来。

（五）运用恰当的方式方法

无论是考察探究式、实验操作式、职业体验式、设计制作式、劳动教育式、博物馆参观式，还是团队活动式，研学旅行课程都有研学前、研学中、研学后三个基本步骤和五个基本环节。无论教师运用哪种模式开展教学活动，都要结合五个基本环节来设计课程方案，多法并举，统筹使用，最终完成研学旅行全部目标，提高研学旅行课程教学效果。

（六）研学评价贯穿全程

研学旅行评价不是单纯意义上的为学生打分评定，其评价主体、评价对象、评价内容多元化。广义上的研学旅行评价对象多种多样，既包括对研学旅行基地营地、研学过程、教师、教学方法、研学资源的评价，也包括对学生的研学态度、研学能力和方法、研学结果等方面进行综合性评价。因此，研学旅行评价贯穿研学旅行整个过程。

（七）教师角色定位准确

在研学旅行过程中，研学旅行指导师并不是传统意义上的教师，也不是旅游中的导游，而是熟悉研学旅行行业特点和规律的专业技术人员。研学旅行指导师在研学旅行教学过程中，既不宜用导游的讲解方式讲解，也不宜用班级授课制式的上课方式去教学生，要求研学旅行指导师成为学生研学旅行活动的组织者、参与者和促进者，引导学生主动去探究、去体验。

四、研学评价，拓展问题

这是"三步五环教学法"的第四个环节，这一环节的内容有研学评价和拓展问题两部分。

（一）研学评价

研学评价的主要内容包括思想觉悟、学习态度、合作精神、探究能力、社会实践能力、人际交往能力、信息收集能力、创新创造能力、设计与操作能力、反思能力等。

研学评价的方法主要包括自我评价法、同学互评法、教师评价法、家长评价法、基地营地评价法、旅行社评价法。

（二）拓展问题

拓展问题就是运用所学的研学旅行知识和研学旅行技能拓展解决新问题，做到举一反三、触类旁通，全面提升学生综合素质和核心素养。

例如，《走进石表山六堡茶基地，制作六堡茶，传承中国茶文化》研学旅行方案的最后片段，就是"拓展问题"环节。按照一般的研学旅行课程方案设计，制作完六堡茶、激发了学生传承中国茶文化的信心和兴趣后，活动基本就结束了，但是本案例又对课程进行了延伸，把对中国茶文化的传承落实到具体行动中，从而把研学旅行活动推向了高潮。

【案例】

《走进石表山六堡茶基地，制作六堡茶，传承中国茶文化》

研学旅行方案（节选）

【拓展问题】

①用亲手制作的茶叶为在场的各位老师泡一杯浓茶，以表达对他们的敬意。

②带着茶壶、茶具到大街、工地、田间地头开展义务送茶活动，让在田间地头干活的农民、路边打扫卫生的环卫工人、开车的司机、行走的路人能及时喝上一口香气四溢的六堡茶，在为人民服务中体会做人的意义。

（本案例由桂林旅游学院研学旅行指导师培训班李柳丽老师编写）

五、研学总结，反思问题

这是"三步五环教学法"的第五个环节，这一环节的内容有研学总结和研学反思两部分。

（一）研学总结

研学总结就是在完成研学旅行教学任务的终了阶段，研学旅行指导师富有艺术性地对研学旅行课程所学的知识和技能、所用方式和方法，以及探究、体验、制作、参观的过程和价值情感的提升进行归纳总结和转化升华的行为方式。通过回顾总结，使之与教学内容融为一体，使整个研学旅行教学过程完整无缺，最终实现学生对知识、技能和价值观的融会贯通。

教学过程的回顾总结方式多种多样，实践中常用的有抢答式、卡片式、考察式、日记式、点睛式、悬念式、激励式、呼应式、游戏式、故事式等方式，其中常用的有趣方式有抢答式、卡片式、考察式、日记式。

（二）研学反思

研学反思的撰写没有固定的格式和内容，每位研学旅行指导师可以按照

自己喜欢的形式和感兴趣的内容进行撰写，自由展示自己的撰写风格和特点。反思的形式有点评式、提纲式、专项式和随笔式等。

研学反思的内容：①对课程目标的反思；②对研学内容的反思；③对学生情况的反思；④对研学方法的反思；⑤对研学资源的反思；⑥对研学过程的反思；⑦对方案执行的反思；⑧对综合服务的反思。

第五节　研学旅行上课的要求

上课是提高研学旅行教学质量的关键。怎样才能上好研学旅行课呢？首先要坚持以研学旅行教学理念为指导，遵循研学旅行教学规律，结合研学旅行行业特点，创造性地运用研学旅行教学方法，并注意以下几个基本问题。

一、遵循正确的研学旅行目标

在研学旅行教学过程中，全程都要以立德树人、培养人才为根本目的，强调让广大中小学生在研学旅行中感受祖国大好河山，感受中华传统美德，感受革命光荣历史，增强对坚定"四个自信"的理解与认同；同时学会动手动脑，学会生存生活，学会做人做事，促进形成正确的世界观、人生观、价值观。要通过学生在研学旅行活动过程中的体验感受，使其身心、思想和意志品质等方面得到长足的发展，真正落实立德树人这一根本任务，帮助中小学生了解国情、开阔眼界、增长知识，提高他们的社会责任感、创新精神和实践能力，全面提高学生的核心素养。

二、确保教学过程的思想性和科学性

研学旅行教学过程既有思想性又有科学性，这是正确实施研学旅行课程的基本质量要求。在科学性上，研学旅行指导师或项目专家要准确无误地向学生传授知识，引导他们进行正确操作，及时纠正学生在研学旅行中的各种差错，理论联系实际地引导学生掌握重点和难点，抓好研学旅行的基础知识和基本技能教学。在思想性上，要深入发掘研学旅行课程教材内在的思想性，师生共同切磋，认真探求真知，让学生深受启迪、震撼或认同，激发学生的思想共鸣，使他们深受教育。这些内容和环节在实施过程中务必体现出来，确保研学旅行教学过程的思想性和科学性的统一。

三、突出学生亲自参与的实践环节

研学旅行是实践性较强的教育教学活动，要突出学生动手参与环节，要求学生人人参与实践体验。因此，在研学旅行课程实施时，必须增加实践动

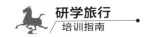

手这一环节，才能改变我国中小学生的传统学习方式，由被动的接受学习转变为主动的自主学习，由机械的记忆性学习转变为探究式的研究性学习，让学生真正成为研学主体，真正实现"游中学"。只有这样，才能将研学旅行的最大作用发挥出来，促进中小学生的全面发展。

【案例】

《竹简书的制作》教案（节选）

（二）研学旅行过程突出学生动手参与的实践环节

突出学生动手参与的实践环节就是力求在竹简书的制作过程中，每一环节都要精心设置一些促使学生动手参与的研学旅行活动。

1. 技能培养方面

（1）小组合作让学生自主提出问题，自己解决问题；

（2）小组合作讨论提出问题，师生共同解决问题；

（3）学生讨论竹简书的构成，讨论制作竹简书使用的工具；

（4）师生分析竹简书的制作，展示制作方法；

（5）教师指导学生制作竹简书，学生互助制作竹简书。

2. ……

四、调动学生的积极性和主动性

在整个研学旅行过程中，研学旅行指导师要尊重、爱护学生，民主平等地对待学生，无论学生的回答或状态表现多么的令人不满意，也要耐心、宽容，还要适当地给予肯定和真诚的鼓励，以调动和保护学生的积极性。

在研学过程中，要随时关注研学的内容、探讨的方式与深度、运用的方法等是否能激发学生的求知欲、主动性，使研学真正成为师生双向互动的活动，发现问题就要立即改进，以推动研学活动向纵深方向发展。

研学旅行指导师要想方设法地让全体学生都参与到既竞争又协作的研学探索中来，让学生真切地感受到自己是学习的积极参与者和主人，并为自己的积极参与及其他方面的收获感到幸福，富有成就感。

五、及时纠正并解决学生的错误和困惑

纠正并解决研学旅行过程中学生的错误和困惑是正确实施研学旅行课程的关键。学生在研学旅行过程中掌握知识、技能，是在解决疑难、纠正差错的过程中一步一步前进的。学生存在的疑问、偏差与错误只有在教学过程中暴露出来，并切实加以解决，学生才能获得正确的新知识、新技能。

在研学旅行过程中，研学旅行指导师如何纠正并解决学生的错误和困惑呢？通过向学生提问，或让学生模拟讲解、操作、演练、示范、参观等方式，暴露学生在理解和运用知识方面存在的问题，并有意引发不同的看法和争论，然后加以解决。这样，不仅使全体学生的知识、技能和思想方法普遍得到提升，而且研学氛围紧张热烈，学生的探究兴趣高涨，活动结束后还会对研学旅行教学过程不断回味与留恋。

六、处理好跨学科之间的关系

研学旅行的跨学科性要求研学旅行指导师要更新教学观念，加强跨学科知识的学习研究，加深不同学科研学旅行指导师之间的合作，提升跨学科课程设计能力和教学能力，打造跨学科研学旅行指导师专业团队。积极吸收国内外成熟的跨学科课程设计成果，并进行创新、升级。整合不同学科的研学旅行课程内容，进行跨学科教学设计，将不同学科的研学内容有机渗透在研学旅行教学设计中，从而促进研学旅行在跨学科中的顺利开展。

七、处理好与研学旅行团队人员的关系

研学旅行指导师的教学工作是整个研学旅行工作的灵魂，他们带团开展研学旅行教学时离不开其他相关研学旅行服务部门和工作人员的协作。研学旅行指导师要尊重学校代表、带队教师、导游、司机、项目专家、安全员等工作人员，积极向他们学习请教，遇事多与他们商量，支持他们的工作，不要"打个人小算盘"，建立良好的人际关系，处理好与他们的关系，积极争取他们的支持，同他们及时协调、密切配合，争取协作单位和其他工作人员的帮助，方能顺利完成研学旅行教育服务。

八、提高研学旅行综合服务质量

研学旅行综合服务质量直接影响研学旅行活动质量，开展研学旅行活动要努力提高研学旅行综合服务质量。积极做好研学前的事务准备，全程随时开展研学旅行评价激励活动，时时刻刻开展安全意识教育，做好安全事故的预防与处理，让安全与爱心常驻心中。引导学生开展文明旅游、文明研学旅行活动，正确处理学生的个别要求，正确处理研学旅行事故，掌握重大自然灾害救助办法，完善研学旅行后的教育服务。

第六节　研学旅行课程设计实操

一、研学旅行主题课程设计方案

探访北大红楼，寻找光辉起点

——中国共产党北京大学旧址（北京新文化运动纪念馆）

研学旅行主题课程方案

（一）中国共产党北京大学旧址（北京新文化运动纪念馆）概况

中国共产党北京大学旧址（北京新文化运动纪念馆）位于北京市东城区五四大街 29 号，是依托北京大学红楼建立的全国唯一一家集研究、收藏、展示五四新文化运动历史的旧址类博物馆。因建筑的主体用红砖建成，故称"红楼"。红楼建成于 1918 年，系北京大学旧址，是 20 世纪初中国新文化运动的营垒、五四爱国运动的策源地、中国共产党早期活动的重要场所，是中国近代史上具有重要意义的见证地之一。红楼遗存有校长室、校长办公室、第二阅览室等，是中国近代史上李大钊、陈独秀、毛泽东最早传播马克思主义和民主科学进步思想的重要场所，具有重要历史价值。1961 年红楼被列为第一批全国重点文物保护单位。2002 年对社会开放后，红楼先后被命名为北京市爱国主义教育基地、第一批全国百家红色旅游经典景区，成为对广大青少年进行爱国主义教育的重要场所。

（二）中国共产党北京大学旧址（北京新文化运动纪念馆）主题课程线路

【课程名称】新文化运动与中国共产党早期党组织的光辉起点。

【课程目标】通过本次对北京大学红楼考察、新文化运动考察探究、北京共产党小组成立情景剧、五四爱国运动情景剧表演等系列活动，让学生了解新文化运动，熟悉新文化运动和民族觉醒的意义，了解党的早期创始人工作的艰难，树立热爱中国共产党、热爱社会主义新中国的坚定信心。

【总课时】1.5 小时。

【研学旅行目的地】五四大街北大红楼。

【师资配置】研学教师1名、学校带队教师2名、导游1名、安保人员1名、医护人员1名。

【研学旅行方式】考察探究式、职业体验式。

【研学旅行方法】讲授法、参观法、角色扮演法、头脑风暴法、调查访问法。

【研学旅行内容】北京大学红楼考察、新文化运动考察探究、北京共产党小组成立情景剧、五四爱国运动情景剧表演。

【研学旅行教学过程】

专题课程一：走进北大红楼，考察探究

研学内容：红楼的建筑历史、建筑特点、结构、功能、文物遗存；红楼发生的革命大事件及其历史意义。

研学方法：查阅资料法、现场考察法、走访调查法。

研学过程：

第一步　分组活动

分成5个研学小组，即建筑考察组、文物考察组、历史发展组、革命事件组、宣传报道组。

第二步　分配任务

给每个小组分配考察任务。

北京大学红楼研学旅行考察任务表

名称	成员	任务
建筑考察组		对红楼的建筑进行考察
文物考察组		对红楼的文物进行考察
历史发展组		对红楼的历史发展进行考察
革命事件组		对红楼发生的革命事件进行考察
宣传报道组		负责资料整理、编写、宣传

第三步　开展活动

①以小组为单位，小组长带领组员开展活动。

②通过查阅资料法、现场考察法、走访调查法等方式，完成所在小组分配的任务，写出调查报告。

③宣传报道组整理汇总。

④研学教师组织 5 个组长写出调查报告。

第四步　总结评议

通过学生访谈、填写评价表、提交报告、北大红楼项目专家评价等方式进行总结评估。采用学生自评、学生互评、专家评价、导师评价、学校评价五个步骤进行综合评价。

专题课程二：新文化运动考察探究

研学内容：考察新文化运动的历史背景、主要领导人、主要内容、提出的口号、当时的马克思思想和学会、北京共产党小组成立情况、当时的反对势力和思想、新文化运动的历史意义和评价。

研学方法：查阅资料法、现场考察法、走访调查法。

研学过程：

第一步　分组活动

分成 9 个研学小组，即历史背景考察组、主要领导人考察组、内容考察组、口号研究组、马克思主义研究组、共产党调查组、反对势力调查组、历史意义评价组、宣传报道组。

第二步　分配任务

给每个小组分配考察任务。

新文化运动研学旅行考察任务表

名称	组长	成员	任务
历史背景考察组			考察新文化运动的历史背景
主要领导人考察组			考察新文化运动的主要领导人

续表

名称	组长	成员	任务
内容考察组			考察新文化运动的主要内容
口号研究组			研究新文化运动提出的口号
马克思主义研究组			研究当时的马克思思想和学会
共产党调查组			调查北京共产党小组成立情况
反对势力调查组			调查当时的反对势力和思想
历史意义评价组			考察研究新文化运动的历史意义
宣传报道组			负责其他组的资料整理、编写、宣传

第三步　开展活动

1.以小组为单位，小组长带领组员开展活动。

2.通过查阅资料法、现场考察法、走访调查法等方式，完成所在小组分配的任务，写出调查报告。

3.宣传报道组整理汇总。

4.研学教师组织9个组长写出调查报告。

第四步　总结评议

通过学生访谈、填写评价表、提交报告、新文化运动项目专家评价等方式进行总结评估。采用学生自评、学生互评、专家评价、导师评价、学校评价五个步骤进行综合评价。

专题课程三：北京共产党小组成立情景剧

研学内容：北京共产党小组成立。

研学方式：职业体验。

研学方法：角色扮演法、头脑风暴法。

研学过程：

第一步　分组活动

分成11个研学小组，即策划组、编剧组、导演组、演员组、道具组、服装组、音响组、摄影组、化妆组、美术组、宣传组。

第二步　分配任务

给每个小组分配考察任务。

北京共产党小组成立情景剧任务表

名称	组长	成员	任务
策划组			
编剧组			
导演组			
演员组			
道具组			
服装组			
音响组			
摄影组			
化妆组			
美术组			
宣传组			

第三步　开展活动

①以小组为单位，小组长带领组员开展准备活动，完成所在小组分配的任务。

②导演宣布北京共产党小组成立情景剧表演开始。演员陆续登场，各剧务小组根据任务分工开展各自的工作。

③宣传报道组整理宣传报道，展示本次研学旅行成果。

第四步　总结评议

采用学生自评、学生互评、专家评价、导师评价、学校评价五个步骤进行综合评价。

专题课程四：五四爱国运动情景剧

研学内容：五四爱国运动情景剧。

研学方式：职业体验。

研学方法：角色扮演法、头脑风暴法、查找资料法。

研学过程：

第一步　分组活动

分成11个研学小组，即策划组、编剧组、导演组、演员组、道具组、服装组、音响组、摄影组、化妆组、美术组、宣传组。

第二步　分配任务

给每个小组分配考察任务。

五四爱国运动情景剧任务表

名称	组长	成员	任务
策划组			
编剧组			
导演组			
演员组			
道具组			
服装组			
音响组			
摄影组			
化妆组			
美术组			
宣传组			

第三步 开展活动

①以小组为单位，小组长带领组员开展准备活动，完成所在小组分配的任务。

②导演宣布五四爱国运动情景剧表演开始。演员陆续登场，各剧务小组根据任务分工，各自开展工作。

③宣传报道组整理宣传报道，展示本次研学旅行成果。

梁玉龙创作的《五四运动》，1976 年由上海人民出版社发行

第四步 总结评议

采用学生自评、学生互评、专家评价、导师评价、学校评价五个步骤进行综合评价。

【安全管理及防控】

①统一行动，集中不脱离队伍，随时清点人数。

②注意行路安全，按顺序进出红楼。

③不与小商贩发生交易，不随意买零食。

④夏季高温防中暑。

二、研学旅行专题课程设计方案

《跳竹竿舞，探究竹文化》教案

【课程名称】跳竹竿舞，探究竹文化。

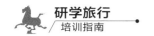
【学校班级】广西桂林某中学初一（3）班。

【学生数量】46人。

【专题课时】2课时。

【研学地点】桂林旅游学院研学实践教育营地。

【课程目标】

1. 价值体认

积极参加竹竿舞团队活动与实践体验，亲历竹竿砍伐制作，加深对竹竿舞文化的价值体验。能主动分享自己的跳舞体验和感受，与教师、同伴交流思想认识，形成国家认同，热爱中国共产党，热爱家乡，热爱少数民族兄弟姐妹。

2. 责任担当

观察基地周围的生活环境，增强为同学服务的意识、服务他人的行动能力；初步形成探究民族竹竿舞文化的意识，愿意参与团队活动，担任砍伐制作师、竹竿舞敲打师、安全员、救护员，初步形成对他人、社会负责任的态度和社会公德意识。

3. 问题解决

能关注自然、社会、生活中的现象，深入思考并提出有价值的竹竿舞文化系列问题，将问题转化为有价值的竹竿文化研究课题，学会运用科学方法开展研究。能主动运用所学物理、生物、音乐知识理解与解决课堂问题，形成基本符合规范的竹竿文化研究报告或其他形式的研究成果。

4. 创意物化

运用学到的竹竿乐器制作技能解决生活中的问题，将一定的想法或创意付诸实践，通过设计、制作或装配等，制作和不断改进较为复杂的竹笛、竹筷子等竹制品或用品，发展实践创新意识和审美意识，提高创意变现能力。

【研学链接】

①人教版道德与法治四年级下册《我们当地的风俗》；

②浙教版小学美术第十二册第11课《竹》；

③桂林某中学校本课程《走进竹文化》。

【研学内容】

①竹竿舞工具——竹竿的制作；

②竹竿舞的跳法。

【研学重点】

①竹竿舞工具——竹竿的制作；

②竹竿舞的跳法。

【研学难点】

①竹竿舞的跳法；

②竹竿舞文化。

【研学教具】

①音响系统；

②高300厘米、粗3厘米的竹子16根，手锯1把；

③砂纸6张；

④竹刀2把。

【研学方法】

小组合作法、情境体验法、角色扮演法、讲授法等。

【研学方式】

考察探究、设计制作、职业体验、劳动教育。

【研学过程】

第一步 研学前

第一环 研学准备，设置问题

①提前一周前往学校，与校方沟通组建研学旅行小组。研学教师与参加研学旅行的学生见面，告知学生研学旅行行程安排，并布置预习作业，要求在学习过的教材及生活中了解有关苗族、竹竿舞的知识。研学前发放白纸布置课前任务。

研学旅行课前任务

1.竹竿舞怎么跳？是哪个民族的？

2.从常见的民族服饰普及苗族的民族历史。

3.了解56个民族的民族特色。

4.少数民族的地区分布及形成原因（认知简单的地理知识）。

5.了解苗族竹竿舞的来源与历史文化内涵。

6.竹竿舞的地区分布与民族特色。

---

②与校方协力引导参加研学旅行的学生组建研学旅行新班级，构建班级框架，选出班委。根据人数组建数个学习小组，并选出组长。

要求：出发前，各小组长组织组员为所在的学习小组命名，并创意小组学习口号。

第二步　研学中

第二环　研学导入，提出问题

①引导班委组织"苗族知识研讨会"。

②引导班委发言布置任务，由各小组长引领本组组员进行知识分享，交流自己在参加研学旅行前的预习内容，并进行知识汇总。

③讨论完毕后，引导班委组织各小组选出小组代表进行发言，向全班分享本组的预习内容。

④所有小组发言完毕后，引导小组之间进行点评纠错，随后由研学教师传授苗族的兴起来源及发展历史的正确知识。

第三环　研学新课，解决问题

1.研学营地实地考察

考察苗族村寨，学习竹竿的制作，观看苗族人砍竹竿表演。

（1）竹竿制作项目专家教学。学习竹竿的选择，砍伐过程展示，体验竹竿的制作。

桂林旅游学院研学旅行师资培训　绘画：张春丽

（2）随后引导班委对全班提出问题：

问题1：竹竿的选择方法是什么？

问题2：砍竹子所需的工具有哪些？

问题3：砍竹子的技巧和方法是什么？

问题4：砍竹子的注意事项是什么？

（3）引导班委组织各小组进行内部讨论，并进行知识汇总。讨论完毕后，引导班委组织各小组选出小组代表进行发言，向全班分享本组的答案。随后引导班委组织各小组对全部方案进行修改，制订出最适合本班的活动方案。

（4）引导班委布置任务"××小组制作的竹竿舞道具"，要求各小组长组织组员进行责任分工，并带领组员进行道具制作。

2. 竹竿舞道具的制作流程

第一步：依据之前环节的规划，引导小组长带领组员对舞蹈场地进行勘察测量，预估适宜场地、竹竿长度及数量。

第二步：小组长在组内进行责任分工，带领组员进行竹竿制作。前往规定的竹林，砍伐合适的竹子，随后将竹子进行切割，对竹竿手握部分进行打磨等。

第三步：小组内选出代表，向全班分享所在小组制作竹竿的过程。

制作完成后，引导班委组织各小组进行展示，并选出质量优秀的竹竿。随后请制作出优质竹竿的小组协助其他小组完善竹竿。

竹竿全部验收完毕后，引导班委组织各小组更换民族服装，练习竹竿舞，随后各小组进行表演。

3. 竹竿舞的基本步法学习

第一步：首先请苗族舞蹈专家跳竹竿舞，展示苗族竹竿舞文化。播放音乐《跳柴歌》，让学生欣赏苗族青年男女跳竹竿舞的过程。美妙的旋律，轻快的节奏，引发学生不由自主地合着节拍跟跳，尽情地享受舞蹈和音乐带给人们的快乐。

第二步：引导小组长进行组内人员分工，并规划出竹竿操纵人员与跳舞人员的切换。

第三步：舞蹈项目专家教授学生学习跳竹竿舞的基本步法，学生练习竹竿舞的竹竿操作与跳法。

一对一、面对面，蹲在地上，双手紧握竹竿顶端，贴在地面上反复做开、合（两拍）练习。要求与《跳柴歌》音乐吻合，没拿竹竿的学生原地坐下，模仿动作练习，教师有意识地从开合的竹竿中间跳过去，第一次出现跳竹竿的完整动作。

第四步：在竹竿操作与跳法熟练后，引导小组长带领组员进行跳法升级练习。

第五步：引导班委组织"竹竿舞王争霸赛"，由各小组陆续登场表演。组建评委团（可请学校代表、基地代表、领域专家等），对各小组舞蹈表演的熟练度及跳法升级的难度等方面进行综合评分。

第六步：最后，播放一些记录研学点滴的照片、小短片，同时全班跳一次竹竿舞，教师指导，学生参与，增进师生情谊，给研学旅行画上一个圆满的句号。

第四环　研学评价，拓展问题

1.研学评价

通过学生访谈、填写评价表、提交报告等方式，进行总结评估。聘请相关人员对整个竹竿舞演练、竹制品的制作等进行测评，测评方式有学生自评、学生互评、专家评价、导师评价、学校评价。

2.竹制品的拓展制作

第一步：前往竹子工坊，参观各类竹制品。

第二步：引导小组长带领组员对所在小组最喜爱的竹制品进行考察探究，调查其来历、功能等。到竹子工坊，体验竹制品的制作，观看手工艺人的制作后可用已成型的物品打磨制作小纪念品，如碗筷、杯子、笔筒、书签等。

第三步：请各小组选出代表向全班展示所在小组制作的竹制品，分享竹制品的知识及制作过程。

第三步　研学后

第五环　研学总结，反思问题

1.研学总结

引导学生分享自己的研学旅行心得，讲述自己在不同研学环节做了什么，学到了什么；在活动中、工作中哪里做得好，哪里还有欠缺；小伙伴有哪些值得自己学习的地方，有哪些是需要自己帮助的地方。随后由研学教师对学生所掌握的知识点进行梳理点评，对学生的个人感悟进行鼓励提升：这节课，同学们不仅学唱了《跳柴歌》，而且学会了竹竿舞的基本舞步，还增进了同学之间的团结合作精神。

请学生发言，畅谈理想，自己长大后要做什么，如何为家乡、为国家做出贡献。

2.研学反思

围绕课程内容进行内部反思。

第四章

设计：基于项目式学习的研学课程开发与设计

本章导读

▶▶▶ 【本章概况】

　　项目式学习（PBL）是一种教学方式，即学生在教师的指导下，通过一段时间内对真实且复杂的问题进行探究，并从中获得知识和技能。本章先从 PBL 对教育的价值进行介绍；接着介绍 PBL 研学课程的特点；最后阐述 PBL 研学课程的选题与实施。本章为读者提供了参考性案例，具有借鉴意义。

今天，为了培养学生的核心素养，中国教育正处于剧烈变革之中，其中，有两个重要的教育现象正悄然发生变化。一是学习环境与资源正在发生变化，越来越多的学者和一线教师认识到，核心素养不是靠单一学科或几个学科的总和就能培养起来的，也不是被净化了的校园培养出来的，它应该是在跨学科学习中获得的，应该是在真实世界中培养出来的。因此，从前我们可以对学生说"课堂是你的世界"，随着时代的发展，我们认识到"世界才是你的课堂"。正是这种转变，要求学生走出教室、走出校园，走向更为广阔的学习空间，在真实世界里培养解决真实问题的能力与素养，而不是只会做题的书呆子。走出课堂、走出校园的综合实践活动、研究性学习以及研学实践活动越来越受到关注，学校、家庭与社会将为学生提供更多真实世界的学习平台。二是学习过程与方式正在发生变化，"我讲你听"的传统教学方式在素养培养面前显得越来越力不从心，强调以学生为主体的、探究的 PBL 作为一种新型的学习组织方式，日益受到学校教育的重视，逐渐成为创新人才培养的重要方式。

基于这样的背景，我们来讨论 PBL 在研学实践活动中的运用与课程设计，探讨其价值与实践策略。

一、PBL 对教育的价值

PBL 是一种教学方式，即学生在教师的指导下，通过一段时间内对真实且复杂的问题进行探究，并从中获得知识和技能。PBL 起源于 20 世纪 50 年代的医学教育，是基于现实世界的、以学生为中心的，注重知行合一的体验式和实践式的学习方法。PBL 拥有两方面特征：一是跨学科学习；二是以学生为主体的探究学习。PBL 解决的问题往往是现实中的真实问题，具有真实情境，对学生核心素养的培养具有独特价值。

在新冠病毒甚嚣尘上的 2020 年，全球华人创新研究大赛向改变未来的参赛者们发出了挑战：在应对新冠病毒的一系列应急反应中，你认为哪些是可以改进或进一步发展的？来自哈佛大学全球健康系统的里法特·阿顿教授

在开幕式中指出，我们不能再用陈旧的思想和方法去解决新问题。他还指出，相较于创新方法本身，如何将创新落地才是重中之重。在这次大赛中，参赛者们提出了各种各样的研究课题，比如："如何设计一副智能手套来个性化定制聋哑人的手语动作？""如何通过网络用语词典缩小年轻一代与老年人的代沟问题？""如何利用传播的力量让女孩们都用上合格的卫生巾？""如何让患有抑郁症的年轻人不再以病为耻？""如何利用一本'藏宝图'式的导览手册，让博物馆不再成为文化鸡肋？""如何利用苔藓过滤器让偏远地区的人们都喝上干净的水？""如何让更多的普通人都能掌握基本急救知识？""如何让大众了解二手烟的危害，并设计出家庭装置防患于未然？""如何用'讲故事'的方法走近阿尔茨海默病患者？""如何用硬核工程设计让'保护历史建筑'不再成为口号？"等等。我们可以看到，这些基于项目的研究课题引发学生对社会和未来的思考，让学生对学习更感兴趣，将学生、学校、社区和真实世界联系起来。

二、PBL 研学课程的特点

相较于传统的学科学习内容，PBL 具有跨学科、情境真实的特点，被更多地运用于研学实践活动。要了解 PBL 与传统教学的不同，我们可以先从以下案例着手。

【案例】

走近中国古代教育

——北京孔庙和国子监博物馆研学旅行实践活动方案设计

课程名称	走近中国古代教育——北京孔庙和国子监博物馆之旅
适用人群	8～15 岁中小学生，10 人以内
课程简介	通过在北京孔庙和国子监博物馆的参观学习，了解中国古代教育，感悟中国崇文重教的传统文化，培养民族自豪感，增强学习动力

续表

历史文化价值	引导学生了解孔庙和国子监的作用和历史功能，弘扬传统文化，促进学生对中国传统文化知识的学习，培养学生尊师重道的情感，养成认真学习、奋发向上的学习态度		
教育价值	促进校内教育与校外教育的有效连接，弥补校内教育的不足，拓展校内教育的广度，使学生的学习真正实现"知行合一"，促进学生核心素养的发展，从历史遗迹和实物中获知历史人文知识，引导书本知识和生活经验的深度融合		
课程预习	通过资料查找，初步了解孔庙与国子监的功能，了解孔子和其他儒家圣贤的贡献，知道十三经		
教学活动	教学目标	教学过程设计	教学评价
1. 参观孔庙与国子监博物馆	认识孔庙与国子监在中国古代教育体系中的地位与价值	观察博物馆建筑特色，认识其功能	学生能够讲述自己参观博物馆后印象最深刻的建筑物
2. 拜先师孔子行教像	学习祭拜孔子的礼仪，在行动中感悟我国尊师重教的文化传统	借助博物馆的活动，学生穿汉服，学习祭拜孔子的礼仪	分小组展示，小组互评
3. 参观"大哉孔子展"	了解孔子生平和历史影响	研学教师作讲解，可穿插《论语》等故事	学生能够讲述自己最喜欢的关于孔子的典故
4. 观看"大成礼乐"	学会文明观赏礼乐表演，学会模仿表演，感悟礼乐教化、陶冶心灵之旅	背诵或朗读《论语》中的句子，分组模仿"大成礼乐"，表演《论语》短剧	学生能够分组完成活动任务，表现出积极参与的态度，模仿表演具有历史感
5. 研习进士题名碑	了解进士题名碑的作用和价值，学会运用实物文献追寻历史踪迹	观察不同朝代碑文和文字记录的特点	学生查找一个出身于自己家乡的进士
6. 学习天干地支纪年法	了解天干地支纪年法，认识古人的智慧	品读孔庙碑文，寻找其中与时间相关的文字记录	学生能用天干地支纪年法准确表述今年和自己出生的年份

续表

教学活动	教学目标	教学过程设计	教学评价
7. 认识纪功碑	了解碑亭中的纪功碑的作用与价值	介绍纪功碑的样式，讲述"霸下驮碑"的故事；根据纪功碑的内容查找历史上的大事、人物	能够根据其中一块纪功碑找出记录的历史事件、历史人物及其历史价值
8. 参观乾隆十三石经	了解儒家经典，认识石经刻制的目的	学生分组说出十三经书目；介绍十三石经刻制的目的	学生能阐述全十三经书目和出自十三经的名句；感悟历史与现实之间的关系
9. 认识日晷	学习日晷的使用方法，了解古代关于时辰的计算方法	观察国子监彝伦堂前的日晷，解读日晷上的时辰，了解古人如何观测时间	学生掌握正午、三更等时辰的时间含义
10. 生僻字考查	学习参观孔庙和国子监博物馆时遇见的繁体字和生僻字，了解古文字的造字法	不定期提问碰见的生僻字或繁体字，可能是牌匾上的，也可能是碑文上的，以小组为单位作答，讲解汉字的造字结构（此处可采用答对得分的积分制）	学生出馆后能写出新认识的生字，学会从造字结构理解汉字
11. 参观大成殿	了解大成殿内供奉的圣贤，知道儒家圣贤对中国传统文化和教育的贡献	认识大成殿内供奉的圣贤，讲述供奉圣贤的变迁（比如孟子的遭遇）	学生能够说出一个除孔子以外的圣贤，举例说明其贡献；能够理解教育为政治服务的道理

可以看出，上述案例仍然是传统的、以知识为中心的学习方式，没有真实问题作驱动，很难引发学生的学习动力。尽管学生的学习环境从课堂搬到了孔庙与国子监，但是学习方式仍然是被动的。真正的 PBL 应该是有温度的教育，它需要创造一个有意义的学习经历。

PBL 围绕核心知识与技能、成功素养，提出了七项黄金法则（图 4-1）。

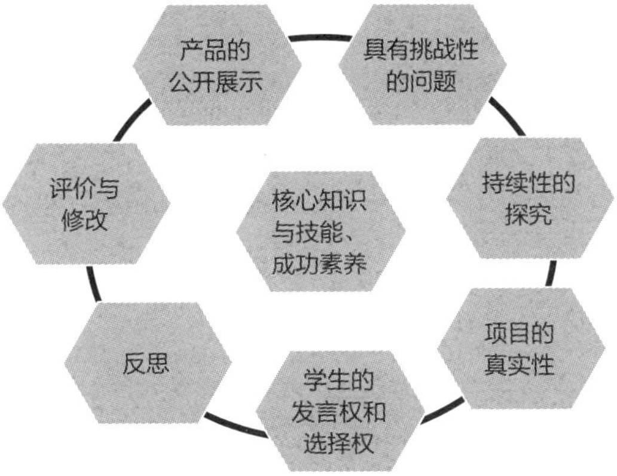

图 4-1　PBL 七项黄金法则

具有挑战性的问题是指学生学习不再是为了单纯地记忆某个考试内容，而是因为他们真正需要这些知识去解决他们所关心的问题。当学生面对一个具有挑战性的问题时，他们会提出问题、收集资料，并尝试解答问题，然后会提出更深刻的问题——这个过程会持续、循环直到他们探究得出满意的答案或解决方案。项目的真实性是指项目确实是基于真实场景，并融入了真实的流程、任务、工具以及质量评价标准，会对其他人产生真实影响，能够真实地表达学生在日常生活中所关心的问题，包括兴趣、爱好、文化、身份等。要项目给予学生发言权，能激发他们的主人翁意识，在更加关心项目的同时也会更加努力。学生可以课上讨论或课下对话的形式进行反思，并在反思中学习。学生学会如何给予和接受同伴的建设性意见，并善加利用以改善项目的进度和产品。最后，公开展示项目成果将大大提高学生在 PBL 中的积极性，同时也有助于促成高质量的产出。

比如，"走近中国古代教育——北京孔庙和国子监博物馆研学旅行"项目，真实的问题可以是研究性的，比如"中国古代的教育是怎样形成与发展的""孔庙和国子监的作用和地位如何"等；也可以是体验性的，比如"在孔庙和国子监的老师和学生如何度过他们的一天""古代的读书人如何学习、

考试和毕业"等。又如，我们组织学生去社会福利院开展研学活动，首先需要考虑的是，学生是去做调研还是做社会服务？如果开展项目式研学，可以设置一个真实的情境问题："残疾人是否可以像正常人那样拥有快乐？"为了探究这一问题，可以设计一个成果形式，即为残疾人设计一次运动会，在这个成果完成过程中思考和探究所提出的问题，从而培养学生的共情能力。

三、PBL 研学课程的选题与实施

准备设计 PBL 的研学课程或方案，首先得有选题，这个选题实际上就是学生应该关注的大问题、大任务、大概念。2015 年 9 月，联合国可持续发展峰会在纽约总部召开，联合国 193 个成员国在峰会上正式通过了 17 个可持续发展目标，即消除贫困，消除饥饿，良好健康与福祉，优质教育，性别平等，清洁饮水与卫生设施，廉价和清洁能源，体面工作和经济增长，工业、创新和基础设施，缩小差距，可持续城市和社区，负责任的消费和生产，气候行动，水下生物，陆地生物，和平、正义与强大机构，促进目标实现的伙伴关系等内容。2018 年，第四届大学生国际学术研讨会的主题是"可持续发展性和创新：人类、环境、经济与技术发展"，这些人类共同关心的主题都可以成为 PBL 研学课程的选题。

比如，在景德镇的研学，可以提出驱动性问题："景德镇为什么会成为享誉世界的瓷都？"该研学的学习领域是艺术审美与文化共享，涉及的领域是文明的交流，研学产品可以是瓷器、海报、戏剧、PPT 等。又如，福建土楼的研学，可以提出驱动性问题："福建土楼这一世界文化遗产的保护现状面临哪些挑战？"该研学思考的是可持续发展的城市和社区，研学产品可以是研究报告、多媒体影像等。

那么，如何设计 PBL 的研学课程？比如，教师如何组织学生在一块草坪上开展研学？下面这个设计可以借鉴：

研学形式： 体验拓展研学、植物研学、生态研学、环境研学等。

设计意图：我们为什么要研究草坪？在草坪上开展研学的目的是什么？草坪研学对学生有什么价值？

研学选题：共建地球生命共同体。

驱动性问题：城市是人类的"栖息地"，那么，我们如何定义草坪？草坪如何体现"生命共同体"？

过程设计：有研究表明，据25个城市58份"草坪"情报表明，城市草坪发现了107种自生植物、35种鸟类及各种昆虫。我们可以引导学生研究草坪的管理方式、草坪的植被结构、草坪的多样性，可以研究草坪上的人群、草坪在城市的地位、居民心中的草坪等问题。研究成果可以是调研报告，也可以是草坪生态地图，还可以是草坪设计方案等。

随着人民群众对美好生活的向往和需求日益增长，过去的休闲旅游、观光旅游、体验旅游现在进一步发展为研学旅行，人们的旅游需求到底是什么？在休闲旅游中，休闲是目的，但没有具体目标；在观光旅游中，观光有路线，但没有程序（课程）；在体验旅游中，体验有收获，但不具体，不具有可持续性。在研学实践课程需求水平不断提升的当下，传统的体验、观光、休闲景点能否通过提升课程质量变身为学生研学旅行目的地？开发有目标、有过程、可操作的PBL课程不仅是学校的迫切需求，也是各旅游目的地升级转型的迫切需求。

比如，给你一个休闲农庄，如何设计项目式研学实践课程？

广西南宁武鸣区城厢镇大皇后村有一休闲农庄，曾是学生秋游、亲子游、休闲游的目的地。我们首先研究这个休闲农庄的基本条件。武鸣区城厢镇大皇后村有着深厚的历史底蕴，传说系明朝覃皇后故里，而武鸣区又是壮族发源地之一，此地还是旧桂系军阀陆荣廷墓所在地，陆荣廷曾任广西都督，崇尚武功，意"以武而鸣于天下"。该村农业科技发展较好，是自治区水产养殖引育种中心，广西康佳龙现代农业科技有限责任公司位于该村，推广淡水养鱼业；同时，大皇后村社区建设突出，是全国文明村、自治区先进基层党组织、自治区科普示范村、自治区和谐村屯，被评为"生态宜居"新农村。村内建有大皇后工业园区。统筹利用好这些历史、社区资源，可以很好地开发、设计大皇后村的 PBL 研学旅行方案，围绕武鸣的历史旧貌新颜、社会主义新农村建设，开展国情与乡情、科技与历史等方面的研学课程。

当下，开发、设计 PBL 研学实践课程已成为教育领域的新课题。在这一过程中，需要更多的教育工作者整合广泛的社会资源，并将之转化为教育资源；同时也需要广大旅游、文化与科技工作者深入了解学校教育的需求与特点，二者结合起来，共同打造培育学生核心素养的平台。

第五章

安全：研学旅行安全管理专题

本章导读

【本章概况】

　　安全是研学旅行工作的基本前提，没有安全，研学旅行课程实施效果将无从谈起，没有安全保障的研学旅行不可能实现可持续发展。研学旅行安全工作包括的内容极其广泛，总体来讲，可分为研学旅行安全管理制度与标准体系和研学旅行安全应对与处置措施两个层面。研学旅行安全管理制度与标准体系包括各级主管部门和从业机构的安全管理制度、安全教育课程体系、研学旅行安全保障体系、研学旅行安全标准体系、各类工作岗位上的从业人员的安全工作职责等方面的工作；研学旅行安全应对与处置措施包括研学旅行安全风险管理、各类安全问题的应对与处置措施等方面的工作。

　　本专题主要讲述研学旅行安全管理制度建设的相关问题，具体包括三部分内容：研学旅行安全工作概述、研学旅行安全工作责任体系和研学旅行各类工作岗位安全职责。

▶▶▶ 【案例】

2018 年 11 月 8 日，安徽阜阳鸿远希望小学六年级学生小奎参加了学校组织的研学旅行，但是没想到的是，刚开启第一站江苏宿迁项王故里的旅行就传来噩耗，小奎被项王故里景区的石质灯柱砸中，经抢救无效身亡。据事发当地的监控录像显示，小奎和同学们一起等待大巴时往石质灯柱上一爬，灯柱随即倒地，小奎也被散落成七块的石头砸中，当时周围并没有老师和导游。鸿远小学参与这次研学旅行的王老师表示，当天的活动是由阜阳市快乐假日旅行社承办，总共有 10 名老师及 4 名导游，学生有 100 多人。事发当时，老师和导游都在附近的餐厅吃饭。王老师称："当时是学生先吃的，学生吃完后我们才吃，当时还交代过学生千万不能离开餐厅。吃饭的时候突然听到'砰'的一声，我们立马跑过去发现小奎已经被砸到了。"虽然第一时间拨打了救护电话及报警电话，遗憾的是还是没能挽回小奎的生命。

第一节　研学旅行安全工作概述

一、研学旅行安全工作的法律、政策依据

（一）法律依据

1.《中华人民共和国安全生产法》

《中华人民共和国安全生产法》第三条规定："安全生产工作应当以人为本，坚持人民至上、生命至上，把保护人民生命安全摆在首位，树牢安全发展理念，坚持安全第一、预防为主、综合治理的方针，从源头上防范化解重大安全风险。安全生产工作实行管行业必须管安全、管业务必须管安全、管生产经营必须管安全，强化和落实生产经营单位主体责任与政府监管责任，建立生产经营单位负责、职工参与、政府监管、行业自律和社会监督的机制。"从法律上确定了政府、生产经营单位、行业组织和从业人员的具体责任，是制订研学旅行安全管理制度，进行安全责任认定的法律依据。

2.《中华人民共和国突发事件应对法》

《中华人民共和国突发事件应对法》是为了预防和减少突发事件的发生，控制、减轻和消除突发事件引起的严重社会危害，规范突发事件应对活动，保护人民生命财产安全，维护国家安全、公共安全、环境安全和社会秩序制定的重要安全法规。对突发事件的预防与应急准备、监测与预警、应急处置与救援、事后恢复与重建等应对活动作出了法律规范，是研学旅行风险管理与应急处置的法律依据。

（二）政策依据

1.《关于推进中小学生研学旅行的意见》

《关于推进中小学生研学旅行的意见》（以下简称《意见》）对各地中小学研学旅行的开展提出了"四个以"的基本要求，即开展研学旅行工作要以立德树人、培养人才为根本目的；以预防为重、确保安全为基本前提；以深化改革、完善政策为着力点；以统筹协调、整合资源为突破口，因地制宜

开展研学旅行。《意见》特别强调确保安全是研学旅行的基本前提，安全责任必须落实到位。

《意见》把安全性原则作为开展研学旅行的基本原则之一，特别指出研学旅行要坚持安全第一，建立安全保障机制，明确安全保障责任，落实安全保障措施，确保学生安全。

《意见》对各地推进研学旅行工作提出了五项具体要求，建立安全责任体系是其中至关重要的一项。《意见》明确要求各地要制订科学有效的中小学生研学旅行安全保障方案，建立有效的安全责任落实、事故处理、责任界定及纠纷处理机制。教育行政部门负责督促学校落实安全责任，审核学校报送的活动方案（含保单信息）和应急预案。学校要做好行前安全教育工作，购买相关的意外险和责任险，与家长、研学旅行委托企业或机构签订安全责任书。旅游、交通、公安、食品药品监管等部门要各司其职，分别对开展研学旅行涉及的企业，交通工具，住宿、餐饮等公共场所进行安全检查和监督，为开展研学旅行活动提供全面可靠的安全保障。

《意见》还特别指出学校自行开展或采取委托形式开展研学旅行，都需要安排相关人员负责学生活动管理和安全保障，与家长、委托企业或机构等签订协议书，明确各自的权责，切实保障学生安全。

2.《旅游安全管理办法》

《旅游安全管理办法》在旅游经营安全、风险提示、安全管理、违法违规处罚等方面对旅游安全工作进行了全面和严格的规范，并在附则中对旅游突发事件等级标准进行了严格界定。

研学旅行是以旅游为载体的校外教育活动，从承办方的经营业态来讲，这是一种特殊的旅游形态，其安全管理工作必须受到《旅游安全管理办法》的约束。

（三）标准依据

《研学旅行服务规范》从安全管理制度、安全管理人员、安全教育和应急预案四个方面对研学旅行安全管理明确了行业标准。

二、研学旅行安全工作机制

（一）建立分级响应机制

研学旅行安全管理应建立分级响应机制，制订各级别安全事故的响应条件和响应程序。轻微安全事故现场研学教师和学校带队教师负责处理，较为严重的安全事故应依据事故的严重程度分级启动相应应急预案，根据不同级别的响应条件逐级启动应急预案，确保安全事故得到迅速有效的处理，将损失降到最低。

（二）实施分类处置机制

研学旅行课程资源的多样性决定了可能面临的安全问题非常复杂，为科学有效地解决各类安全问题，应对可能出现的各种情况进行科学分类，针对不同类型的安全事故制订相应的处置措施，并对从业人员进行专业培训，确保每个人都知晓和掌握各类安全问题的处置流程和技术标准。

（三）建立多方联动机制

研学旅行课程是需要多方合作完成的教育教学活动。该活动涉及教育、旅游、文化、交通、餐饮、医疗、保险等多个行业，就课程实施过程中的主要合作方而言，涉及主办方、承办方、供应方和保障方等多个角色。无论是研学旅行的安全预防还是安全事故的处置，都需要各方联动完成。建议由教育系统和旅游系统牵头，建立各方参与的研学旅行安全工作联动机制。

在同一系统内，特别是对研学旅行活动有主管责任的教育和旅游系统内部，也需要建立主管部门、主办或承办单位、课程实施团队的安全联动机制。

（四）建立研学旅行安全责任认定机制

主管研学旅行工作的教育和旅游部门要主持制订研学旅行安全责任认定机制。在制订安全责任认定机制的过程中，应组织教育、旅游、法律、交通、保险、医疗、应急保障等领域的专业机构和专业人员广泛参与。立法部门应

就此推动相关立法工作，为研学旅行乃至整个户外教育领域的健康发展建立法律保障体系。

（五）建立研学旅行安全责任追究机制

各研学旅行参与方应建立基于安全责任认定的安全责任追究机制。安全责任追究包括两个方面的问题，即外部追责和内部问责。

1. 外部追责

外部追责是指研学旅行合作方之间的责任追究，以及业务主管部门对责任单位及责任人的追责。根据有关法律、行业标准和合作协议，当某一安全事故的认定应由某一方负全部责任或主要责任时，合作的另一方可以对责任方进行责任追究，以维护自己的合法权益。当研学旅行中发生重大事故时，业务主管部门应对事故进行调查，并根据调查结果对责任单位和责任人进行处罚。

2. 内部问责

内部问责是指单位对研学旅行过程中应对安全事故的发生承担管理责任的责任人进行问责处理。当依据有关法律或行业标准认定某一安全事故为责任事故时，单位应根据责任人在事故中的违法违规情况和安全事故所造成的损失或影响程度对责任人进行问责处理。

三、研学旅行安全工作的基本措施

（一）安全预防

安全预防包括学生个人的安全预防和团队集体的安全预防。学生个人的安全预防主要表现为安全注意事项，团队集体的安全预防主要体现为安全防范措施。

1. 安全注意事项

安全注意事项的行为主体是学生，承办方和学生是共同的责任主体。学生应按照安全注意事项约束自己的行为，承办方应将安全注意事项明确告知学生，并对学生承担提醒或提示的责任和义务，在学生违反安全注意事项时应及时予以制止，以防事故的发生。

安全注意事项的指向必须明确具体、有针对性。每一条注意事项都必须针对具体的学习环境、学习条件和设施设备。

安全注意事项的拟定标准：只要学生按照注意提示行动，就可以避免危险。

2. 安全防范措施

安全防范措施是指活动承办方应当采取的措施，制订和采取措施的行为主体是承办方。这些措施必须要能够起到规避和防范事故发生的效果。安全防范措施不是学生个体可以预见或执行的行为，必须由承办方预先制订，由研学导师团队负责实施。

安全防范措施一般包括：

①基于行业标准和合作协议的安全预检。比如对供应方提供的车辆、酒店、餐饮，按照行业标准和合作协议事前进行安全检查，确保供应方提供的产品和服务达到规定要求，避免一切不符合行业标准和协议条款的安全隐患存在。

②基于安全标准的线路规划和资源选择。在线路规划时注意避开危险路线和处所，比如雨季易发生泥石流的道路和景点。

③基于安全规范的防护措施。在参观车间、工地、工业遗址等处所时，要按照安全规范组织学生穿戴防护服和安全帽，在水上活动时要指导学生按照规定穿着救生衣，提醒学生在车辆行驶、飞机起降过程中系好安全带。

④基于安全保障的操作流程。在进行生产流程的体验学习时，必须按照工艺流程实施操作；在拓展训练时，必须按照训练设施的使用规则并在教练指导下进行活动。

⑤基于自然条件的活动安排。比如在干热环境下的防晒措施，在湿热环境下的防暑措施，在危险路段的团队组织等，都属于安全防范措施的范围。

⑥基于社会规则和民风民俗的预防措施。比如出国出境或到民族地区研学旅行时，应针对当地的社会规则和民风民俗提前对学生进行教育，在活动过程中要注意约束学生的言行举止，要尊重当地人的生活习惯和宗教信仰。

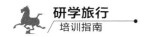
（二）应急预案

1. 应急预案的概念

《生产经营单位生产安全事故应急预案编制导则》中对应急预案的定义：

应急预案是指为有效预防和控制可能发生的事故，最大程度减少事故及其造成损害而预先制订的工作方案。

《突发事件应急预案管理办法》中对应急预案的定义：应急预案是指各级人民政府及其部门、基层组织、企事业单位、社会团体等为依法、迅速、科学、有序应对突发事件，最大程度减少突发事件及其造成的损害而预先制订的工作方案。

应急预案是指一旦出现安全事故或紧急情况，为将损失降低到最小而采取的必要措施。项目组长及整个研学导师团队要熟练掌握应急预案的响应条件，在符合响应条件的情况下迅速果断地启动应急预案，严格执行预案规定流程，避免延误时机，扩大损失。启动应急预案的决定应由项目组长视情况作出。应急预案可以单独做成应急手册，项目组长应随身携带，处置紧急情况时可参考执行。

2. 研学旅行安全应急预案的常见类型

根据研学旅行课程的特点和课程资源的属性，常见的研学旅行安全应急预案有以下类型：

①地质与气象灾害应急预案；

②交通事故应急预案；

③食物中毒应急预案；

④突发疾病应急预案；

⑤意外伤害应急预案；

⑥暴恐袭击应急预案；

⑦机动车火险应急预案；

⑧财物失窃及证件丢失应急预案。

3. 研学旅行安全应急预案的内容

一份完整、规范的研学旅行安全应急预案一般包括以下内容：

①突发事件应急处置机制，包括应急处置领导小组和工作小组的人员构成及职责分工；

②应急预案的响应条件；

③应急处置的程序与步骤；

④责任人员的规范操作流程。

4. 研学旅行安全应急预案的执行

①预案的启动。安全事故发生后，先评估级别，如果级别较低，风险后果在可承受范围内，可采用应急救护手册的应对方案进行解决；如果级别较高，按照级别直接启动相应应急预案。

②应急处置。应急指挥人员到位、开通网络信息平台、应急资源调配到位；执行救援行动，进行安全事故信息收集、专业的技术支持、交通、医疗救护的配合，甚至可以申请政府相关部门的协调。

③升级救援与应急结束。如事态未得到控制，需要申请扩大应急救援，增加救援；如事态已得到控制，则需要保险保障、安全事故发生情况调查和相关的善后处理，直到应急救援结束，进行安全事故总结。

四、安全制度的落实

安全是开展研学旅行活动的前提，没有安全就没有一切。研学导师团队，特别是项目组长和学校领队，担负着保障团队安全的主要责任，必须对安全注意事项、安全防范措施和安全应急预案非常熟练，对各类安全风险具有敏锐的预见能力。

安全工作重在防范，在课程实施过程中基于安全注意事项和安全防范措施的学生组织管理是安全预防工作的基本组织措施，研学导师要做到提示及时，防范到位。

安全预防措施重在执行，必须针对各种情况逐项落实预防措施的相关要求，这是确保预防群体性风险的根本措施。

第二节　研学旅行安全工作责任体系

一、主办方安全责任体系

（一）学校研学旅行安全管理制度

学校应建立研学旅行安全三级岗位责任体系，包括学校研学旅行工作领导小组、学校研学旅行工作小组、研学导师团队。

1. 学校研学旅行工作领导小组

学校研学旅行领导小组对学校研学旅行安全工作负有领导责任，校长为第一责任人。具体安全责任如下：

①组织制订、审核学校研学旅行安全管理制度。审核学校研学旅行安全保障方案，审核学校综合应急预案和专项应急预案，审核承办方提交的课程方案，审核承办方提交的课程安全应急预案。

②指导学校研学旅行业务科室和研学旅行工作小组规范实施研学旅行课程，履行安全管理职责。

③落实研学旅行课程实施过程的安全报告制度，每日听取研学领队的安全报告，及时指导研学导师团队的工作。

④发生安全事故时执行安全预案，调度指挥应急处置。

⑤对违规行为进行处置，对造成重大损失的责任人进行责任追究。

2. 学校研学旅行工作小组

学校研学旅行工作小组主要由业务科室负责人、相关年级负责人组成，一般由分管校长任组长。具体安全责任如下：

①负责制订学校研学旅行安全管理制度，制订学校研学旅行安全保障方案，制订学校综合应急预案和专项应急预案，初步审查承办方提交的课程方案和安全应急预案。

②具体组织实施研学旅行课程，制订针对每一次研学旅行课程实际情况的安全保障方案和专项安全应急预案，严格落实风险管理责任，全面履行安

全管理职责。

③对研学旅行课程实施过程进行全程监控，与研学导师团队保持密切联系，及时指导处置各类偶发和突发问题。

④发生安全事故时执行安全应急预案，根据应急响应等级条件，协助校长调度指挥应急处置。

⑤组织实施与安全相关的行前课程，对教师和学生进行必要的安全培训。

3. 研学导师团队

研学导师团队是研学旅行课程执行项目组。学校的领队和带队教师与承办方的课程项目组一起组成研学课程团队，具体负责课程实施。学校领队一般由该校的一名中层干部担任。具体安全责任如下：

①强化安全第一的意识，严格执行学校研学旅行安全管理制度，切实保障学生安全。

②承担安全监督责任。对承办方的课程实施情况进行全面监督，特别是对课程实施过程中的安全管理情况，要与承办方团队及时沟通。

③与承办方团队一起对研学旅行课程实施全程进行风险监控，及时识别风险隐患，监控风险条件变化，随时根据风险变化调整风险控制措施。

④发生安全事故时根据情况启动应急预案，按照预案规定流程及时采取现场处置，按照规定逐级报告。

⑤收集安全事故发生原因及处置的证据材料并进行证据固定，以便善后处理时使用。

（二）学校研学旅行安全管理培训

安全培训是学校研学旅行安全管理的重要内容。学校的研学旅行安全培训包括对教师的安全培训和对学生的安全培训。

1. 对教师的安全培训

①研学旅行安全管理通识培训。

第一，研学旅行风险管理知识培训。学校研学旅行带队教师应了解研学

旅行风险的特征，掌握风险管理的专业知识，能够有效地进行风险识别、风险评估、风险监控和风险处置，切实降低发生风险的可能性。在安全事故发生时，能够进行科学有效的应急处理，使损失降到最低。

第二，研学旅行安全管理的基本措施。学校研学旅行带队教师要具备安全注意事项、安全防范措施和安全应急预案等安全管理措施的制订、评价和执行能力，学校应对该教师进行相关知识和能力的培训。

②研学旅行课程实施过程中的组织管理能力培训。研学旅行的课程实施环境和条件，完全不同于学校教师所熟悉的课堂教学环境，对教师管理学生的能力提出了更高的要求。通过学生管理知识培训，使学校研学带队教师掌握研学旅行过程中不同学习环境下的活动组织与管理技能，具备与承办方、供应方、学生、家长、当地民众的沟通能力，具备集体活动的协调能力，具备突发事件的应急处置能力、特殊学生的心理疏导能力、常见疾病与创伤的紧急处置能力等。

③研学旅行课程安全评价培训。学校带队教师在研学旅行课程实施过程中负有对承办方课程实施情况进行监督和评价的主要责任。通过研学旅行课程培训，使学校带队教师掌握课程评价标准和方法，提高课程实施的监督和评价能力。

④研学旅行安全管理研究培训。研学旅行是一种新的课程形态，研学旅行安全管理也是一个新的学术领域。通过培训不仅可以提高教师的研学旅行安全管理学术研究意识和研究能力，为研学旅行安全管理学术建设做出贡献，还可以促进教师的专业能力提升。

⑤研学旅行过程中自身的安全防护。研学旅行过程中，教师应掌握在各种环境下的自身安全防护常识，这也是安全培训的重要内容。

2. 对学生的安全培训

①按照研学旅行安全事故分类对学生进行安全知识培训，使学生掌握不同属性的学习资源环境和活动情境下的安全行为规范，熟练掌握每一个学习单元

的安全注意事项，最大限度地避免由于自身行为导致安全事故的发生。

②按照学生研学旅行安全行为的"四不伤害原则"，培训学生树立安全防护意识，在研学旅行过程中做到不伤害自己、不伤害他人、不被他人伤害、保护他人不受伤害。

（三）学校研学旅行安全监控机制

学校要建立以研学旅行指导师团队为责任主体的研学旅行风险监控机制。通过严密细致的风险监测和科学有效的风险管控与处置，切实降低研学旅行风险程度和安全事故损失。

学校要建立安全事故的信息报告和发布制度，及时准确地报告和发布相关信息。及时将事件情况、处置措施及处置进展与有关各方特别是学生家长进行沟通，根据安全应急预案的相应等级按规定向有关方面和上级主管部门报告。

（四）学校研学旅行安全保障机制

1. 法律保障

我国现行法律法规和政策性文件是研学旅行最重要的保障。学校要确保研学旅行工作的各个环节符合相关法律法规和政策性文件的规定。特别是研学旅行招标工作必须符合《中华人民共和国招标投标法》和《评标委员会和评标方法暂行规定》的有关规定。与承办方所签署的研学旅行课程委托协议必须符合《中华人民共和国民法典》的相关规定。

2. 制度保障

学校要针对研学旅行工作的重要模块和环节制订科学、规范、严谨的工作流程和对承办方工作的协调与监督流程，研学旅行导师团队要严格按照工作流程实施教学管理工作，重要的安全职责要有履职信息记录，确保责任到人，工作有痕。比如，学校领队要和承办方项目组长一起对安全员履职情况进行监督，对重要项目的检查应确认签字。确保每一个重要的安全环节都应按照操作规程实施。学校应制订科学规范、流程清晰、可操作的安全应急预案，一旦发生安全事故，应按照应急预案规定流程进行处置。

3. 风险保障

学校在招标公告中应该把安全承诺书作为投标单位参与投标的必要文件，在招标结束后应与承办方签订研学旅行课程实施安全责任书，明确承办方必须承担的安全责任。一般来说，学校还会与家长签订安全责任书，明确界定双方的安全责任。学校必须向保险公司投保校方责任险，依照法律规定实施风险转移。

二、承办方安全责任体系

（一）承办方研学旅行安全管理制度

和学校相似，承办方也应建立研学旅行安全三级岗位责任体系，即承办方研学旅行工作领导小组、承办方研学旅行工作小组、课程项目组。

1. 承办方研学旅行工作领导小组

承办方研学旅行工作领导小组对承办方研学旅行安全工作负有领导责任，承办方法人为第一责任人。具体安全责任如下：

①组织制订、审核承办方研学旅行安全管理制度。审核投标方案，审核研学旅行安全保障方案，审核综合应急预案和专项应急预案，审核课程方案，审核课程安全应急预案。

②指导研学旅行业务部和研学旅行工作小组规范实施研学旅行课程，履行安全管理职责。

③落实研学旅行课程实施过程的安全报告制度，每日听取项目组长的安全报告，并及时指导课程项目组的工作。

④发生安全事故时执行安全预案，调度指挥应急处置。

⑤对违规行为进行处置，对造成重大损失的责任人进行责任追究。

2. 承办方研学旅行工作小组

承办方研学旅行工作小组主要由研学旅行业务部负责人、相关保障部门负责人组成，一般由承办方研学旅行业务分管领导任组长。具体安全责任如下：

①负责制订承办方研学旅行各项安全管理制度，组织课程投标，组织线

路勘察和研学旅行课程设计，制订研学旅行安全保障方案，制订综合应急预案和专项应急预案。

②具体组织实施研学旅行课程，为学校提供必要的安全培训课程，制订针对每一次研学旅行课程实际情况的安全保障方案和专项安全应急预案，严格落实风险管理责任，全面履行安全管理职责。

③对研学旅行课程实施过程进行全程监控，与课程项目组保持密切联系，及时指导处置各类偶发和突发问题。

④发生安全事故时执行安全预案，根据应急等级响应条件，协助本单位法人调度指挥应急处置。

⑤组织实施与安全相关的行前课程，对项目组全体成员进行必要的安全培训。

3. 课程项目组

课程项目组是研学旅行课程执行项目组。承办方课程项目组和学校的研学导师团队一起组成研学课程团队，具体负责课程实施。项目组长由承办方的一名中层干部担任。具体安全责任如下：

①具体执行课程投标任务，执行本单位的研学旅行安全管理制度，切实保障课程实施安全顺利。

②组织线路勘察，针对学习资源属性和课程实施条件制订安全注意事项和安全防范措施，编制安全应急预案，设计科学规范的研学旅行课程。

③执行风险管理职责，与研学导师团队一起对研学旅行课程全程进行风险监控，及时识别风险隐患，监控风险条件变化，随时根据风险变化调整风险控制措施，做好与学校领队的沟通协调工作。

④对供应方工作进行安全监督，确保交通、食宿安全，对学习景区、场馆、营地的设施设备进行安全检查，对地接方提供的安全员进行岗位监督。

⑤发生安全事故时根据情况启动应急预案，按照预案规定流程及时采取现场处置，按照规定进行报告。

⑥收集安全事故发生原因及处置的证据材料并进行证据固定，以便善后处理时使用。

（二）承办方研学旅行安全管理培训

1. 研学旅行安全管理通识培训

承办方研学旅行管理人员和课程项目组成员应熟练掌握研学旅行风险管理的专业知识，通过培训，使全体研学旅行从业人员都具备风险管理能力，在安全事故发生时，各方能够协调配合，进行科学高效的应急处理，使损失降到最低。

课程项目组成员应接受安全管理措施方面的培训，具备安全注意事项、安全防范措施和安全应急预案等安全管理措施的制订、评价和执行能力。

2. 研学旅行课程实施过程中的组织管理能力培训

通过学生管理知识培训，使课程项目组成员掌握研学旅行过程中不同学习环境下的活动组织与管理技能，具备与学校带队教师、供应方、学生、家长、当地民众的沟通能力，具备集体活动的协调能力，具备突发事件的临机处置能力、特殊学生的心理疏导能力、常见疾病与创伤的紧急处置能力等。

（三）承办方研学旅行安全监控机制

承办方要建立以课程项目组为责任主体的研学旅行风险监控机制。通过严密细致的风险监测和科学有效的风险管控与处置，切实降低研学旅行风险程度和安全事故损失。

承办方要建立安全事故的信息报告制度，及时准确地报告相关信息。及时将事件情况、处置措施及处置进展与有关各方进行沟通，根据安全应急预案的相应等级按规定向有关方面和上级主管部门报告。

（四）承办方研学旅行安全保障机制

1. 法律保障

与学校一样，承办方也要确保研学旅行工作的各个环节符合相关的法律法规和政策性文件的规定。特别是要遵守《中华人民共和国安全生产法》《中华人民共和国突发事件应对法》《旅游安全管理办法》《突发事件应急预案管理办法》等现行法律法规。

2. 制度保障

承办方要针对研学旅行工作的重要模块和环节制订科学、规范、严谨的工作流程，项目组成员应根据各自的岗位职责严格按照工作流程实施教学管理工作，重要的安全职责要有履职信息记录，确保责任到人，工作有痕。比如安全员必须对自己的履职情况进行履职记录，承办方项目组长要对安全员履职情况进行监督，对重要项目的检查应确认签字。对训练营地的设施设备，项目组长要和安全员一起检查供应方的维护保障和安全措施，确保每一个重要的安全环节都按照操作规程实施。

3. 风险保障

承办方在课程中标后应按照规定与学校签订研学旅行课程实施安全责任书，明确双方的安全责任。

承办方必须向保险公司投保旅行社责任险，并按照招标公告要求和委托协议规定为每位参加研学旅行的师生投保旅游人身意外伤害保险，依照法律规定实施风险转移，确保各方的合法权益。

三、研学旅行安全责任评价体系

安全评价也称风险评价、危险评价，俗称安全检查。研学旅行安全评价是指应用系统工程的原理和方法，对研学旅行课程实施过程中存在的可能引发事故或危害的因素进行辨识与分析，判断其发生的可能性及严重程度，提出防范措施，改善研学旅行安全管理状况，从而实现研学旅行的整体安全。

（一）评价目的

研学旅行安全评价目的是查找、分析和预测研学旅行课程实施中存在的危险、有害因素及可能导致的危险、危害后果和程度，提出合理可行的应对措施，指导开展研学旅行风险监控和事故预防，实现最可靠的安全保障和最

低的安全风险。

（二）评价分类

研学旅行作为一门新兴的基础教育课程和一种新型旅游业态，安全评价的研究相对滞后，可以根据户外教育的实践经验，参照《安全评价通则》将安全评价分为以下四种类型：研学旅行安全行前评价、研学旅行安全行中评价、研学旅行安全行后评价、研学旅行安全专项评价。

1. 研学旅行安全行前评价

在研学旅行的行前课程阶段，要做好充分的安全评价。在线路勘察过程中，要根据学习资源的具体情况、相关环境和设施设备，识别学生在学习活动中的潜在危险，预测发生安全事故的可能性及其严重程度，提出科学、合理、可行的应对措施及建议，作出安全评价结论。根据评价结论对供应方提出明确、具体的整改要求，在课程设计中根据线路勘察过程中的安全评价结论，进行线路规划和行程规划，制订安全防范措施、安全注意事项和安全应急预案。

2. 研学旅行安全行中评价

行中安全评价的实质就是风险监控的过程，针对行前安全评价中所识别出的风险条件，对行程中的实际风险状况进行监控比对，及时掌握风险条件的变化，分析预测发生事故或造成危害的可能性、紧迫性及严重程度，作出即时性安全评价结论，并根据评价结论进行风险处置。

3. 研学旅行安全行后评价

行后评价需要全面总结课程设计、课程实施的安全设计和安全管理措施的实施情况，对安全风险识别、监控、风险处置等安全措施的有效性进行评价，并作出安全管理措施实施情况的评价结论。

主办方评价的重点除了对课程设计的安全性、安全管理措施的执行情况作出评价外，还应对承办方的课程实施能力作出评价，作为合同终止的重要依据。

承办方应重点对课程设计中的安全管理措施的实施效果和课程实施过程

中项目组的执行能力进行评价，以期改进安全管理方案，提升安全管理水平。此外，承办方还应对供应方的安全管理能力进行评价，为合同终止提供依据。

供应方重点评价安全管理措施的实施效果，以期做出合理改进。

4. 研学旅行安全专项评价

研学旅行安全专项评价是针对某一项活动或场所，以及某一课程内容在设计或实施中的安全因素进行的安全评价，查找其存在的危险因素，确定其程度并提出合理可行的应对措施及建议。

研学旅行安全专项评价一般包括课程线路勘察安全评价、课程设计安全评价、应急预案评价、课程实施安全规范评价等。

 第三节 研学旅行各类岗位的安全职责 ···

一、研学旅行主管人员的安全职责

（一）学校研学旅行主管人员的安全职责

学校研学旅行主管人员包括校长、研学旅行工作分管校长和业务科室负责人。学校研学旅行业务科室一般为学校的德育处（政教处、学生处）或教务处（课程中心）。

1. 校长、研学旅行分管校长对研学旅行安全工作承担领导责任

①组织制订、审核学校研学旅行安全保障方案、学校综合应急预案和专项应急预案等学校研学旅行安全管理制度和安全措施；审核承办方提交的课程安全应急预案。

②指导学校研学旅行业务科室规范实施研学旅行课程，严格履行研学旅行安全管理职责。

③在课程实施期间，执行安全报告制度，每日听取研学领队的安全报告，及时指导研学导师团队的工作。

④发生安全事故时担任安全事故处置总指挥，执行安全预案，调度指挥应急处置。

⑤对违规行为进行处置，对造成重大损失的责任人进行责任追究。

2. 学校研学旅行业务科室负责人承担研学旅行安全管理工作的直接责任

①负责制订学校研学旅行安全保障方案、学校综合应急预案和专项应急预案；初步审查承办方提交的课程安全应急预案。

②具体组织实施研学旅行课程，制订针对每一次研学旅行课程实际情况的安全保障方案和专项安全应急预案，严格落实风险管理责任，全面履行安全管理职责。

③对研学旅行课程实施过程进行全程监控，与研学导师团队保持密切联系，及时指导处置各类偶发和突发问题。

④发生安全事故时执行安全预案，根据应急响应等级条件，协助校长调度指挥应急处置。

⑤行前对教师和学生进行必要的安全培训。

（二）承办方研学旅行主管人员的安全职责

承办方研学旅行主管人员包括总经理（或法人）、研学旅行工作分管副总经理和研学业务部门经理。

1. 承办方总经理（或法人）和分管副总经理对研学旅行安全负领导责任

①组织制订研学旅行安全管理制度，组织制订、审核研学旅行综合应急预案和专项应急预案。

②督导研学旅行业务部严格履行安全管理职责。

③执行研学旅行课程实施过程的安全报告制度，每日听取项目组长的安全报告，指导课程项目组的安全工作。

④发生安全事故时担任事件处置总指挥，执行安全预案，调度指挥应急处置。

⑤对违规行为进行处置，对造成重大损失的责任人进行责任追究。

2. 承办方研学旅行工作业务部负责人承担研学旅行安全工作的直接责任

①负责制订承办方研学旅行各项安全管理制度，组织线路勘察和研学旅行课程设计，制订研学旅行安全保障方案，制订综合应急预案和专项应急预案。

②制订针对每一次研学旅行课程实际情况的安全保障方案和专项安全应急预案，严格落实风险管理责任，全面履行安全管理职责；为学校提供必要的安全培训课程。

③对研学旅行课程实施过程进行安全风险监控，与课程项目组保持密切联系，及时指导处置各类偶发和突发问题。

④发生安全事故时执行安全预案，根据应急等级响应条件，协助本单位法人调度指挥应急处置。

⑤制订安全管理专业技能培训计划，对从业人员进行系统的安全培训。

二、研学旅行执教教师的安全职责

（一）研学旅行导师团队的结构

研学旅行课程是教育和旅游两个领域的跨界课程，需要这两个领域的从业人员合作完成课程的实施。研学旅行课程实施的导师团队主要由主办方和承办方的人员共同组成，在有地接方参与的情况下，作为地接方（供应方）的研学导师也是研学导师团队的成员。

1. 主办方人员配置

①主办方应派出一人作为主办方领队，负责督导研学旅行活动按计划开展。

②每15名学生配置一名带队教师，带队教师全程带领学生参与研学旅行各项活动，配合承办方的研学导师开展课程实施工作，负责指导学生完成并批改课后作业。

2. 承办方人员配置

①承办方应为研学旅行活动配置一名项目组长，项目组长全程随团活动，负责统筹协调研学旅行各项工作。

②承办方应为每团按15名学生配置一名研学导师，研学导师负责制订研学旅行教育工作计划，在主办方带队教师、地接导游员等工作人员的配合下提供研学旅行教育服务。

③承办方至少应为每个研学旅行团队配置一名安全员，安全员在研学旅行过程中随团开展安全教育和防控工作。

④承办方应为每个研学旅行团队配置一名队医，负责旅行团队成员常见疾病的预防及治疗，对突发疾病、意外伤害进行紧急处理，对需要启动应急预案的情况为项目组长提供专业建议，并采取应急性救助措施。

⑤需要有地接方参与的课程，承办方应要求地接方至少为每团或每车配置一名地接导游人员，地接导游人员负责提供导游服务，并配合相关工作人员提供研学旅行教育服务和生活保障服务。

3. 供应方人员配置

供应方参与研学导师团队工作的主要是课程的地接方。在需要地接方参与的研学旅行课程中，地接方根据委托协议承担承办方的部分课程实施任务。

地接方应根据委托协议的规定和研学旅行团队的规模合理配置负责课程实施的研学导师，通常是每车配备一名研学导师。地接导师在协议载明的旅程内负责课程的具体实施工作。

地接方还可以根据合作协议配备安全员和医务人员。其具体工作职责与承办方的安全员和医务人员相同。通常在长线研学旅行课程中，承办方会委托地接方安排安全员和医务人员。

（二）主办方研学导师的安全职责

1. 学校领队的主要安全职责

①负责落实研学旅行工作的安全规范，履行安全风险管理职责，密切关注课程实施的环境和条件，有效实施风险监控。

②监督承办方的安全管理工作，监督评价安全员履行职责的情况，与承办方的项目组长一起召开研学导师每日例会，做好风险分析，处理偶发事件。

③与学校领导保持联系，汇报每日安全工作情况。

④对突发性事件采取措施，适时启动应急预案，科学进行安全应急处置。

⑤对安全事故进行分析评估，收集保存证据材料，为善后工作提供依据。

2. 学校研学导师即学校带队教师，有以下安全职责

①熟悉课程实施的安全注意事项和安全防范措施，密切关注学生行为，及时提醒学生注意安全要求，预防安全事故的发生。

②与承办方研学导师一起执行安全管理规定，在集合、解散时清点人数，在住宿时查房清点学生，指导学生安全使用住地设施。

③密切关注学生状况，如发现学生的健康或情绪异常应及时询问处理，防止意外事件的发生。

④协助学校领队，和承办方研学导师一起及时处理突发和偶发事件，

当学生发生意外伤害事故时，现场最近的研学导师就是紧急处置第一责任人。

⑤监督承办方安全管理职责的履行情况，对承办方的安全管理能力进行评价。

（三）承办方研学导师的安全职责

1.项目组长全程随团活动，对课程实施过程中的安全管理全面负责

①切实履行安全风险管理职责，密切监控研学旅行的环境、气象、地质、交通等相关信息，严密执行风险监控，敏锐进行风险识别，最大限度地降低安全事故发生的可能性。

②在课程实施过程中全面落实研学旅行安全管理的相关规定，切实执行安全防范措施，监督指导研学导师规范实施课程，落实安全责任。

③召开每日例会，总结调度每日工作，进行安全问题总结和安全风险预判，制订科学有效的风险防范措施。

④落实每日安全报告制度，向后方主管领导报告每日课程实施的安全状况。

⑤保持与主办方研学管理团队的有效沟通，做好各项服务工作。

⑥发生突发性事件时担任现场指挥，根据实际情况发出应急响应等级信息，启动应急预案，进行应急处置。

⑦对安全事故的发生进行监测评估，收集保留证据材料，为事故的善后处理提供依据。

2.承办方研学导师负责研学旅行安全制度的具体执行和有效落实

①熟悉课程实施的安全注意事项和安全防范措施，密切关注学生行为，及时提醒学生注意安全要求，预防安全事故的发生。

②与学校带队教师一起执行安全管理规定，在集合、解散时清点人数，在住宿时查房清点学生，指导学生安全使用住地设施。

③密切关注学生状况，如发现学生的健康或情绪异常应及时询问处理，

防止意外事件的发生。

④协助项目组长，和学校带队教师一起及时处理突发和偶发事件，当学生发生意外伤害事故时，现场最近的研学导师就是紧急处置第一责任人。

⑤监督供应方安全管理职责的履行情况，对供应方的安全管理能力进行评价。

（四）供应方研学导师的基本素质和安全职责

1. 地接方的研学导师

在跨省研学旅行课程实施时需要地接方具体负责课程实施。地接方的研学导师负责提供课程实施。此时地接方的研学导师应当承担承办方研学导师的安全职责。

地接方研学导师必须具备和承办方研学导师相当的基本素质。

2. 场馆和景点讲解员

按照场馆和景点规定的工作职责履行讲解义务，并根据研学旅行手册规定的课程要求，在讲解过程中对教学内容予以落实。在课程实施过程中要关注学生和场馆内的设施安全，及时提醒学生相关的安全注意事项和场馆内的禁止性规定。

3. 营地教练员

在各类户外教育营地进行拓展训练、团队活动，以及各类户外教育运动项目的训练、体验与学习时，营地教练员承担课程教学工作。营地教练员应根据承办方的委托协议实施课程。在课程实施过程中负责对安全标准和技术标准的落实与把关，确保在落实教学任务的同时保证师生安全。

三、研学旅行安全员的工作职责

（一）研学旅行安全员的岗位能力

1. 安全管理制度建设能力

研学旅行安全员不仅是课程实施过程中安全工作方案的执行者，更是研学旅行从业机构安全管理制度建设的重要参与者，甚至是主导者。研学旅行

安全员应当具备单位安全管理制度建设能力，能够独立或主导建立和完善符合法律法规、契合单位实际情况的研学旅行安全管理制度，能够为单位主管领导提供安全管理方面的决策咨询。

2. 课程安全要素设计能力

研学旅行安全保障应该从课程设计开始。在课程设计时就应充分考虑课程的安全性，制订科学有效的安全注意事项、安全防范措施和安全应急预案。研学旅行安全员应全面参与路线勘察及课程内容、课程实施和课程评价方案的制订，科学设计研学旅行课程的安全要素。

3. 项目安全方案的拟定与实施能力

对每一个具体的课程项目，研学旅行安全员都应参与项目安全方案的拟定。安全员应结合线路勘察结果，根据研学旅行安全风险分类，对研学旅行过程的每一环节和每一细节进行安全风险评估，制订相应的安全保障方案。研学旅行安全员还必须具备实施安全方案的能力，具体执行各项保障措施，有效履行安全岗位职责，确保研学旅行课程实施安全。

4. 研学旅行安全评估能力

研学旅行行前评估、行中评估、行后评估构成评估体系。细致的行前评估可以把可能出现的危险源消除和控制，安全预防是研学旅行安全保障的核心。贯穿始终的行中评估是及时发现危险源和事故苗头的关键，是风险监控的重要手段。有效的行中评估有利于研学旅行安全员第一时间对风险做出预判，并迅速采取应对措施。科学全面的行后评估既是对研学旅行课程实施的终结性评价和总结，对研学旅行课程安全管理的具体效果作出评价，也为改善工作、完善制度、责任追究和表彰奖励以及全面的课程评价提供依据。

5. 研学旅行安全风险监控能力

研学旅行安全工作重在防范，科学的安全风险监控是预防安全事故的可靠保障，研学旅行安全员必须具备安全风险监控能力。研学旅行安全员要熟练掌握安全风险分类知识，具有敏锐的安全风险识别能力，并能够根据风险条件的变化进行有效的安全风险管控，确保风险处于安全可控的范围内。

6. 研学旅行应急处置能力

研学旅行课程的特点决定了研学旅行过程具有一定的不可预知性和安全不确定性。发生突发事件或者不可控的意外事故不可完全避免。

研学旅行安全员是研学旅行过程中风险管理的核心人物，其领导和协调能力、专业技能知识与从业经验，以及对风险的预判和决策等专业能力，在风险管理和正确应对风险时起着至关重要的作用。

应急处置能力是研学旅行安全员必须具备的基本职业能力。

（1）保持镇静，沉着应对

发生突发事件或者不可控的意外事故时，研学旅行安全员必须在第一时间进行现场处置，保持镇静，了解情况，并按照既定应急方案及结合自身专业能力的判断，迅速作出相应的应急救援。

（2）先救命再治伤，就地抢救

有时发生意外事故的地点距离医院较远，当事人可能病情严重，研学旅行安全员应根据有关急救标准对病人进行心肺复苏、紧急止血等应急处置。但是研学旅行安全员不是医生，并不具备从医资格，在保证当事人有生命体征的前提下，尽量维持事发状态，等待医生的专业救治。

（3）立即报警，紧急求援

研学旅行安全员应根据现场危急情况和需要报警，并如实向救援单位说明现场实际情况，有利于相关救援单位作出充分的救援准备，迅速赶往第一现场，避免耽误黄金救援时间。

（4）维持秩序，迅速疏散

研学旅行安全员根据现场情况，在完成报警和求援后，应迅速组织现场教师和管理人员按照应急手册要求形成安全隔离区，疏散现场围观或不相关人员。

（5）获取并保留事故证据材料

研学旅行安全员应采取拍照、录像、录音、询问当事人和相关人笔录、留存相关物证等方式，为后续处置提供合法的证据材料和依据。

（6）机智理性面对媒体

发生突发事件或者不可控的意外事故时启动应急预案，研学旅行安全员有责任拒绝和回避媒体的采访，尤其是面临情况不明、责任不清的混乱局面，更不能凭主观臆断作出结论，并提示和管控现场工作人员不实言论的传播。

（7）熟练的现代办公技能

熟练运用互联网进行信息检索、电子邮件收发、App 小程序使用等；能够熟练地使用 Word、Excel、Powerpoint、Photoshop 等常用办公软件进行文字编辑、数据统计、教学课件的制作和使用、图像资料的编辑和处理；掌握信息化教学手段的应用能力，如多媒体课件的制作与使用，教学资源库的建设，利用网络进行远程教育；熟练使用现代化办公设备，如熟练使用打印机、复印机、投影仪、传真机等。

（二）研学旅行安全员的职责与履职

1. 风险识别与风险管控

研学旅行安全员应根据研学旅行的学习资源属性、学习环境、气候条件、地质特点、学生特点进行专业、敏锐的风险识别，及时发现和监控各类风险隐患，对识别出的风险进行科学评估，作出准确的风险评价，迅速拟定有效的风险应对策略，实施有效的风险管控，确保风险不转化为事故。

（1）交通安全管控

①车（船）况检查。每次行车（船）之前，研学旅行安全员都应监督并协助驾驶员对车辆（船舶）状况进行检查，车辆检查要特别注意刹车系统、灯控系统、发动机系统、仪表系统、车轮轮胎及胎压、安全带等防护系统；船舶检查则重点检查动力系统、操控系统、通信系统、救生设备等。

安全员应对检查情况作详细记录，并与驾驶员一并在检查结果上签字。

②驾驶员监督。研学旅行安全员应对车辆、船舶驾驶员进行安全监督，坚决杜绝酒驾、病驾及带情绪驾驶情况的发生。对驾驶员的驾驶行为进行监督，杜绝违章驾驶行为。发现驾驶员异常要采取果断措施确保行车（船）安全。

③学生安全检查。对学生进行安全检查，确保研学师生在行车途中规范使用安全带，在乘船途中确保每一位团队成员规范穿戴救生衣。

④堵车情况应对。路遇堵车时及时查明堵车原因，预判拥堵状况，制订应对措施，如果车辆可以撤离当前拥堵现场则启用备用路线，如果不能撤离现场，则对学生进行安抚和教育。

⑤道路安全信息掌控。出行前及时了解道路或水路安全信息，掌握气象状况，预测影响道路行车、水面行船安全的风险隐患，并根据所掌握的信息进行风险分析，拟定出行建议供项目组长参考。

（2）住宿安全管控

①安全检查。对住宿场所的安全通道进行检查，确保安全疏散通道畅通；检查消防设施，了解灭火器的配置情况和放置位置。

②安全管理。研学旅行安全员应协同研学导师团队对学生进行安全管理，检查房间内学生秩序，防范因学生的不当行为导致的安全隐患，提醒学生晚休时的安全注意事项。

③安全值班。在学生休息后与承办方项目组成员轮流在住所大厅或学生住宿楼层值班，杜绝学生私自外出，阻止无关人员进入学生房间，防止学生私自串门留宿。

（3）活动安全管控

①入场组织。在项目组长、学校领队和研学导师组织学生在景区、场馆、营地大门入场及登车（船）时，研学旅行安全员应密切关注队伍组织的秩序、周边环境以及非团队成员的聚集情况，发现安全隐患及时处置。

②收拢疏散。在参观学习结束时，协助研学教师团队收拢清点人数，发

现人员缺失立即采取联络和寻找措施。在场馆内学习参观结束后协助安全疏散，在容易发生拥挤的狭窄通道和门口密切关注疏散秩序，进行疏导指挥。

③拓展体验。在拓展训练开始前检查训练设施的安全性，在训练过程中密切关注训练进展，时刻关注学生的安全状况。

④参观考察。在参观考察过程中应时刻关注学生在行进、参观、探究时的行为举止，既要提醒学生注意自身安全，也要提醒学生应遵守参观规则，保护文物、设备设施的安全。

研学旅行安全员必须预先辨识安全疏散标识，熟悉安全疏散通道，做好安全疏散的应急准备。

2. 安全处置与应急救援

在发生安全事故或突发紧急状况时，项目组长应按规定启动安全应急预案。研学旅行安全员可以协助项目组长和学校领队分析安全预警响应信息，确定响应等级，并根据响应等级启动安全应急预案。在安全应急预案启动后，研学旅行安全员要根据岗位职责和应急预案中的规定责任和操作流程履行职责。

3. 安全教育与技能培训

（1）安全教育讲座

研学旅行安全员应具备安全教育能力，可以根据需要开设安全教育讲座。研学旅行安全教育讲座有两种类型：一种是在行前课程中开设安全通识讲座，一种是在研学旅行过程中针对具体的学习环境特点和学习资源属性，在开始学习之前或在学习过程中现场进行的专项安全指导。研学旅行安全员的安全教育以专项安全指导为主。

（2）安全应急演练

研学旅行安全员应根据旅行线路的特点，结合线路勘察风险识别的结果，针对可能出现的重大险情制订安全演练方案，并能够组织开展安全应急演练。重点演练安全应急预案的响应机制和操作流程。

（3）安全救援技能

研学旅行安全员在师生发生意外伤害事故时应根据事故情况实施科学救援，救援措施应符合相关规范要求，既要及时施救，又要保证措施科学规范，不能对伤者产生二次伤害。应对现场人员进行有效组织，迅速安全转移或疏散。

四、研学旅行随队医生的工作职责

（一）安全健康教育职责

研学旅行随队医生应根据课程安排，对学生进行安全健康教育，使学生掌握常见疾病、多发疾病、传染性疾病的预防与治疗的基本知识。对学生进行运动安全知识辅导，预防不当运动造成的不必要伤害。让学生掌握在意外伤害事故中的自救和互救知识，减少意外伤害事故发生时的损失。

（二）医疗卫生防控职责

随队医生应针对研学旅行课程实施过程中能够诱发各种常见疾病、多发疾病、传染性疾病和能够引发伤害事故的气候、地质、环境、道路条件进行风险监控，根据旅行地的现实情况采取预防和处置措施，最大限度地防止各种疾病特别是传染性疾病和群体性伤害事故的发生。

（三）医疗卫生救治职责

随队医生应对研学旅行过程中师生发生的一般疾病进行诊治，对可以进行常规治疗不需要离队就医的患者进行常规护理，对必须离队就医治疗的患者进行院前处置，并指导和联系离队就医，对危重患者应陪同前往就近医院就诊。

随队医生应对意外伤害事故的伤员进行急救处理，在联系医院救治的同时做好院前处置。

对重大灾害或意外伤害事故，随队医生应组织救援，在报警协助医疗、公安、消防等应急救援部门进行事故救援的同时，组织现场人员实施自救和互救，尽力将事故损失降到最低。

【思考】

结合本专题学到的知识，反思本专题开头提供的案例，在本次研学活动中主办方或承办方在安全管理方面存在哪些问题？假如你是该校研学旅行工作的主办方或承办方，你应该如何加强本次活动的安全管理工作？

第六章

评价：实践教育活动评价的内涵与实施

本章导读

▶▶▶【本章概况】

研学旅行作为实践教育活动的典型代表，与学校教育教学相比，更为关注过程性和发展性评价。教育评价本身是一个复杂的系统工程，本章选取教育评价的基本概念、发展历史和案例式解读的方式简要介绍教育评价三个基本要素与七个转向，并特别关注过程性、发展性评价贯穿研学前、中、后的教育内在要求。

本章主要阐释了教育评价是证明、阐释、解读、评判研学旅行各环节研学实践教育活动目标达成与否的基本手段和工具，并简要介绍了如何有效设计研学旅行评价方式与内容等基本问题。

▶▶▶【引言】

"教 - 学 - 评一致性"是教育教学的基本原则，研学旅行作为教育教学的一种实践活动形式，同样要关注其内在一致性。

没有目标的航船，永无抵达目的地的可能。在研学旅行中，研学目标是研学的初心和使命，如何证明目标达成与否，就需要研学旅行教育评价来评判和指引。在分析研学旅行教育评价之前，我们首先要了解教育评价的发展历史。

第一节 教育评价的发展历史

世界上最早的教育评价可以追溯到我国隋唐时期的科举考试（比西方国家教育评价早了1000多年）；1702年，英国剑桥大学有了笔试题，考试开始走向标准化；1904年，桑代克出版《心理测量导论》，标志着教育测量的形成，因此，桑代克被称为"教育测量之父"；1905年，法国的比奈和西蒙推出了初版比奈-西蒙量表，后经两次修订，为智力测量奠定了基础。教育测量运用标准化手段增加可信度，旨在改变过去考试测验的主观性，故有人称其为现代教育评价的起点。

1933—1940年，经过被称为"八年研究"创生的行为目标模式（也称泰勒模式），以行为目标为核心，操作步骤清晰，计划性和控制力较强，自20世纪30年代以来一直在教育评价理论中占据统治地位。当前的教育评价仍然采用这种行为目标模式为基本依据。在实践中这一模式的局限性如下：

①目标本身的合理性如何得到保证；

②评价围绕目标会导致教育活动重点向预定目标倾斜，往往忽视非预期性效果；

③评价目标转化为外显、可测量的行为比较困难。

为此，CIPP模式、目标游离模式、对手模式、应答模式、第四代评估等均力图在某一方面突破行为目标模式的上述三个局限，但目前为止没有哪一种模式能撼动行为目标模式在教育评价中的地位。教育评价的发展历史如表6-1所示。

当前世界教育教学实践中依然采用行为目标模式，其中最为流行的教育评价主要是为了甄别和选拔，当然这并不是教育评价的全部，仅仅发挥了教育评价诸多价值中的一方面。比如，我们组织了一次考试，用成绩进行排序进而选拔、评选出优胜者，这只是一个测量过程，结果的使用也只是教育评价的开始。这些数据背后的价值判断被迫退居到比较隐蔽的角落。

表6-1　教育评价的发展历史

阶段	时间	人物	事件	结果	其他
教育评价学萌芽	1864年	乔治·费舍	学生成绩量表		
	1897年	莱斯	拼字测验	8年中每天45分钟拼字练习与每天15分钟成绩几无差别	教育测量创始人、客观测量先驱
	1879年	冯特	莱比锡大学首创心理学实验室		
	1904年	桑代克	心理与社会测量导论	教育测量形成的标志	凡存在的东西都有数量，凡有数量的东西都可以测量；到1928年，美国出现了1 300种标准化测验；教育测量之父
	1905年	比奈、西蒙	比奈-西蒙量表	智力年龄	为智力测量奠定了基础
教育评价学产生	1933—1940年	杜威、艾钦、泰勒	1918年，芝加哥教育集会，美国进步教育协会；1933年9月，30所学校对口7所高校，泰勒主持评价；1940年，"八年研究"实验报告	单纯考试对学生进行评价是不科学的，要对学生进行全面综合性评价；"八年研究"时期被称为教育评价运动，标志着现代教育评价产生	"八年研究"成果之一：评价模式的改变；行为目标模式诞生
教育评价学发展	1966年	斯塔弗尔比姆	CIPP模式	突出形成性评价	过于专业，操作烦琐
	1972年	斯克里文	目标游离模式	民主性、形成性、终结性结合	无目标导向，难度大
	20世纪70年代	欧文斯	对手模式	多元价值	人员广泛，成本高，需要辩论技巧

续表

阶段	时间	人物	事件	结果	其他
教育评价学发展	1973 年	斯塔克	应答模式	多元价值观，民主性，定性定量结合	主观性
	1989 年	埃贡·G. 古贝、伊冯娜·S. 林肯	第四代评估	非预定式、回应、协商	

　　教育评价的真正意义更应该是这些数据背后，对学生成长、学习的意义和价值判断，并基于这种判断改进教育教学方式、教学行为，以期服务于学生发展的目的，遗憾的是这些并未得到足够的重视。真正有效的评价，更应该关注这些数据所代表的成绩表达出来的学习者的内在学习兴趣、学习内驱力如何？因为真正意义上的学习是自我建构过程、自我思维发展过程、素养内生过程。任何忽视或淡化这些过程的评价都在一定程度上忽视了人的现实存在，只有关注了学生自主教育、自我教育和自我发展才算是教书育人的应有之义。在过去，学校教育关注得更多的是教书，对育人关注不够；更多的是对"书"的学习方式、文本逻辑与思维过程的培养，而实践能力、创新精神则有意无意被忽视了，"高分低能"现象比较突出，而对实践能力和创新精神的培养更为有效的方式之一就是研学旅行。

　　研学旅行过程中预期设计的各种评价指标所赋予的分数意味着什么？如果将这些数据与学生解决将来所面临的人生、工作、生活问题的能力水平相对接，研学实践过程中的评判数据就有了现实意义和价值。不应该仅仅止步于将比较浅层或比较窄化的相对性比较作为测量比较目标的依据。这些数据意味着学生通过研学实践获得的是应对未来生活，在真实情境下完成任务时的能力测量结果，是学生的内在能力、品格水平在当时的直观反馈，仅仅为评价提供基础数据和前提，这是评价的第一环节；第二环节是基于这些数据对学生的发展方向、努力目标制订策略性举措，也就是因材施教；第三环节是为了学生成长和发展的教育教学实践行为，这也是研学旅行的教育价值所在。因为它并不追求短期、阶段性评判结果，而是追求未来的、可预期的学生发展。

　　总而言之，教育评价就是对教育现象、教育测量数据的一种价值判断过程。从教育评价的发展历史，我们看到的是教育评价从测量到评价的演变；从教育评价的目的和意义看到的是评判和价值判断的区别；从教育评价的价值角度看到分数的教育评判及使用不同带来的教育教学价值的差异。研学旅行作为实践教育的典型代表，是学校教育的有机组成部分，应逐渐得到重视，进而有效实现"眼中有人"教育"　　　"实诉求。

　　教育测量和教育评价　　　　　一步厘清和界定。

📍 **第二节　测量与评价** ··

　　教学目标是教育教学的起点也是终点，教育评价就是判断、评判并给出教学目标是否达成，达成度如何以及如何调试才能达成教学目标的工具和手段。

　　知易行难，尤其是对教育评价。教育中两件事情最难：一是确定目标，二是教育评价，其中教育评价又是最难啃的一块骨头。说它最难啃，是因为教育评价不仅是研学旅行活动中最难操作的要素，也是当前课堂教育教学中最难操作的要点；说它最难操作，是因为人们常常误把测量当作评价，误把评判当作评价。

　　教育测量与教育评价的关系如图6-1所示。

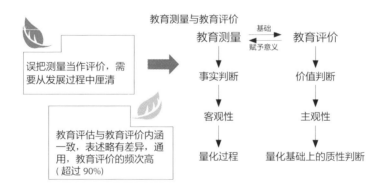

图6-1　教育测量与教育评价的关系

　　图6-1清楚地说明了教育评价是一种基于量化基础、主观性的价值判断，与量化过程相对，是一种质性评断。在研学旅行实践中（学校教育教学中也常常发生）常把量化过程或结果作为评价结论是不科学的，既不利于研学目标的评判，也会给学生的发展带来不可估量的伤害与阻碍，不符合研学的初心和使命。

　　对教育测量和评价基本概念的理解程度决定了我们运用这一工具的高度和可信度，也在一定意义上决定了能否运用这一工具审视和查看他人的研学课程方案、课程、活动，决定着能否设计出符合研学需求的教育评价方案和评价策略。为了说明这一点，我们首先看这样一个案例。

【案例1】

××研学机构问卷分析（节选）

2019年10月，山东省一所初级中学委托某研学旅行教育机构组织532名学生进行了一次研学旅行实践教育活动，第三方评估机构在活动结束后进行了问卷调查，从回收的382份有效问卷中，经初步分析得出的结论是：本次研学旅行就是一场"假""大""空"的旅游行为。

1."假"在有名无实。所谓的研学仅仅停留在走走看看层面，看似轰轰烈烈，实则缺乏学科渗透，缺乏课程指导，结果只观无研，更谈不上学到了多少实际知识和能力，这样的研学得到的只是一种参观体验，很少有知识与成长的收获。

2."大"在杂而不精。研学旅行选取的素材比较杂乱，本次研学在选取研学点时，带有很大的随意性和偶然性，这种没有章法的研学旅行导致研学缺乏体系，缺乏系统的研学设计，每个研学点都蜻蜓点水，根本深入不下去。即使在一些比较有代表性的研学点，由于指导师的指导不到位，甚至仅仅扮演导游的角色，根本不能将研学点的课程内涵提炼出来，无法让学生通过研学真正学到知识，悟出道理，锻炼能力。

3."空"在华而不实。本次研学旅行所到的地方大都是旅游景点，看似风景优美、景色宜人，但很少具有真正的知识价值和德育教育价值，学生兴高采烈地走一圈，只能粗浅地说出看到了什么，仅仅停留在对书本知识的再现，感受不到书本知识隐含的教育价值，挖掘不出对知识的理解和对学生成长的教育意义，结论基本上都是现象的罗列，没有章法，严重缺乏教育价值。

问卷分析中提到的"假""大""空"就是对本次研学旅行活动的教育评价，符合教育评价的三个基本要求：

①价值判断。"假""大""空"是对本次研学旅行活动价值属性的基本判断。

②主观判断。基本结论的得出及语言描述都是人为主观判断的结果。

③量化基础上的质性判断。532 份问卷都是基本数据，382 份有效问卷的问答数据都属于量化结果，而基本结论就是基于这些数据的主观判断。

这份问卷分析是当前研学旅行的一个缩影。研学旅行作为实践教育活动的典型代表，与学校教育的本质区别在于活动课程属性，如何进行有效的教育评价不仅关乎研学旅行的长足发展，更关乎学生能否成长为"四有新人"，能否实现学生发展核心素养的进一步提升。

第三节 活动课程的教育评价 ··

结合一个具体案例，一起了解研学旅行教育评价的组织与实施。

请带着以下两个问题阅读本案例：

①如何判断本评价的目的设计是否合理？

②评价测评点与学校教育教学的区别有哪些？应该有哪些？

【案例2】

×× 研学旅行的教育评价设计（节选）

结合本次研学活动特点，建议采用如下评价：

1. 评价内容

制订评价量表，分自评、他评、师评三方面进行评价。保存学生在活动中的出勤记录表、研学旅行体验报告等有关文字和图片资料，利用这些可视性材料评价学生在研学过程中的参与度、纪律性、习惯培养及成果收获。

2. 评价方式

（1）及时评价与延时评价相结合

研学中及时对学生的出勤情况、参与情况、纪律情况和习惯培养情况进行评价，主要以量表形式呈现。研学后对学生进行自评、他评和师评，主要以评语的形式呈现。

（2）实物性成果评价

在研学结束后，组织评选班级优秀研学体验报告、优秀研学征文（游记、散文、诗歌等）、优秀研学摄影作品，开辟专栏进行线上和线下的宣传报道。

这是案例1研学旅行活动时的研学评价设计节选，结合测量与评价的内容给出基本判断如下：

本案例的研学评价内容和方式有以下几个特点：

①评价手段有明显的量化倾向性（量表）；

②非常关注表现结果的信息收集（可视性材料评价参与度等）；

③带有明显的比较性倾向（优秀）。

这个评价设计主要是评级方式和手段的问题，总的来说本评价还是以终结性评价为主，比较缺乏过程性评价、生成性评价和发展性评价。具体来说，就是没有关注研学实践的体验过程、研究过程和学生在研学实践体验和研究中的生成过程，严重缺乏对学生通过研学旅行实践活动发展状态的关注。这也是案例 1 中第三方评估机构的问卷所反映出来的问题所在。

本案例并非个例，当前的研学旅行市场中最多的就是这一类研学旅行课程、评价等设计。这些问题的存在，需要从研学旅行实践教育活动与以校内课堂教学文本系统为主的教学内容比较中溯源，并做好以下七个转向：

第一个转向：从知向识转向。

也就是从认知到见识转变，认知是从不知到知的过程，但知多的结果未必一定导致见识广。研学旅行的初心就是预期给予学生见多识广，在学校教育文本系统与研学旅行所依托的现实世界对接中实现。

第二个转向：从知向道转向。

知是信息从外部输入大脑，而道则是信息输出，最具代表性的词汇叫娓娓道来，其中的道即知道的道。

第三个转向：从受教育者外在表现向受教育者内在自主发展转向。

没有自主教育就没有教育的真实发生。

第四个转向：从静态的知识获取向动态的过程性、发展性和生成性转向。

缺乏深度和系统的碎片化知识培养不出具有创新精神和实践能力的人。没有真实的体验和深度思考就不会让发展有效发生。

第五个转向：从理论学习、掌握、理解向实践出真知转向。

实践出真知。

第六个转向：从教向育转向。

从过去注重教与学向育人转变。

第七个转向：从评向价转向。

　　评价在过去更多的是测量、判断，研学旅行实践教育活动更关注价值判断，进而关注发展，关注现实的"人"的发展。

　　至此，我们需要重新认识研学旅行。

第四节　重新认识研学旅行

1996 年，联合国教科文组织发表题为《教育：财富蕴藏其中》的报告，提出了"四个学会"：学会认知、学会做事、学会共同生活、学会生存。

过去，教育关注得更多的是学会认知，而且是认知已有科学知识及基本规律层面，相对于学会认知初心，依然比较局限，比如，认知的态度、方法、技能、技巧、结构、框架等方面关注得还远远不够。

至于学会做事、学会共同生活、学会生存关注得就更少了。这也是学校教育中亟须补充和完善的短板，怎样补充这些学生终身发展需要的基础知识和基本技能？研学旅行实践教育活动就是在这样的背景下走进了教育视野。

"四个学会"需要在实践中、在实际操作和体验中才能有效掌握。尤其是学会做事、学会共同生活和学会生存，如果采用传统的课堂学习方式，效果往往不太好。比如，研学旅行实践中的团队合作与协作，不仅是指做事需要合作与协作，还需要有共同的生活体验和经历，尤其是走出校门后，在现实的生活情境中，不仅是学习生活的延续，更是学生未来生活的样板。从另一个角度看，学习生活本身就是生活的一部分，无论怎么分类，学习都是每个人人生中重要的一种生活形式，尤其是在终身学习时代，迫切需要改变过去那种将学习狭隘化为文化知识的学习，忽视现实世界所需的生存、生活知识和技能学习。

研学旅行实践教育活动从是否有效认知的角度（包括历史的、地理的、文学的、美学的、生物学的、哲学角度）看世界，从学会认知这个角度就可以多角度、多方式、多手段、多视角引导学生体验世界、感受世界、认识世界，而学会生存、学会共同生活和学会做事则可以作为教育评价的另外三个视角，从多角度、多视角、多方式、多学科甚至是跨学科的视角进行探索。

活动课程与学科课程作为教书育人的两种基本途径和方式，教育评价的本质与内涵是一致的，即立德树人，实现人的全面发展。

第五节　践行研学旅行实践教育活动评价

为了便于有效地理解实践教育的评价内涵与组织实施,请先做一个小游戏。

温馨提示: 一方面, 你可以与身边的同事或伙伴一起做这个小游戏, 会有不一样的感受和收获; 另一方面, 实践教育不仅是研学旅行指导师指导学生的过程, 更是研学旅行指导师亲身体验和学生共同成长的过程。

【案例3】

互动小游戏：模仿

基本操作步骤:

1. 准备几张相对简单的动植物或生活场景的简笔画, 让一个被试者背对测试者, 测试前和测试过程中不能让被试者看到图像。

2. 测试者用不伤害被试者的方式在其后背描绘勾勒图案的轮廓 (不能用语言描述, 只允许勾画), 让被试者根据后背的感觉画出图像。

此游戏旨在让测试者和被试者理解评价过程信息的传递, 如何才能有效地将评价目的精准地传递给被试者, 让其准确掌握并呈现出来。

这个小游戏看起来非常简单, 但实际上操作起来远没有看起来那么简单。

附上如图 6-2 所示的两张经实践操作过的对比图像作为佐证。

图 6-2　模仿小游戏的效果对比图

说明: 左图是让被试者需要模仿的原图, 右图是实际操作的效果图。

这个游戏表明研学指导师和学生之间的教育评价信息传递问题, 其基本原理和研学旅行教育评价有着内在高度的一致性 (基本原理请自行体会和思

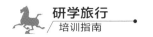
考）。结合这个小游戏进一步理解"教 - 学 - 评一致性"的研学旅行教育评价，我们继续案例 2 的讨论。

"①如何判断本评价的目的设计是否合理？②评价测评点与学校教育教学的区别有哪些？应该有哪些？"带着这两个问题思考评价设计，首先需要明晰研学旅行的目标，没有目标的教育评价设计评判本身就是不吻合"教 - 学 - 评一致性"的基本教学原则的行为。这里提供这一次研学旅行的研学目标。

研学目标：

①通过走近家乡山水人文，印证课本知识，对中国地理自然环境所涉及的地形、土壤、水文、气候等相关要素进行实地考察，对人文地理中的经济、交通发展有近距离接触，激发学生热爱祖国、热爱家乡的情感。

②探究影响农业的因素，了解现代科技农业，初步认识农业产业一体化发展模式。

③探究现代农业与传统农业发展的不同。

④探究交通（河流、铁路线）对当地社会发展的影响。

⑤探究马莲台矿产资源的开采历史及现代矿山的复垦，认识植被对地表恢复及保护的重要性。

回顾第一个问题："如何判断本评价的目的设计是否合理？"这就非常明显了，没有目标的评价其指向就无所依附。

第二个问题："评价测评点与学校教育教学的区别有哪些？应该有哪些？"作为教育的一种重要形式，活动课程与校内课堂教学的区别主要是文本学习与实践活动的不同。具体来说，文本学习关注的是文本的了解、认识、理解与运用解决问题的能力等方面；活动课程更关注过程性、发展性和习惯、素养的生成，两者相辅相成。

任何教育评价都必须与目标一致，这是不容置疑的，前提是研学目标必须相对合理、科学且具有可行性，即与学生的身心发展相适应，与学生所具备的研学旅行实践活动能力相适应。

"教-学-评一致性"原则可以拓展到当前课程改革的所有领域，比如，项目式学习、探究式学习、大概念、大单元设计等，这些新的学习方式在研学旅行实践教育活动中最容易得到实现。

结合前文的"四个学会"和"教-学-评一致性"，对案例2的教育评价修订如下：

【案例4】

（修订后）建议采用如下评价：

1. 评价内容

能否解释家乡的农业类型、交通方式的选择、矿产地复垦。

2. 评价方式

（1）问题解决

能够根据研学过程中的实例阐述自己的观点。

（2）创意物化

研学结束后，组织评选班级个性化的研学体验报告、研学征文（游记、散文、诗歌等）、研学摄影作品，并配上解读性文字（符合价值导向、理解国家政策与决策）。

简要比较案例2和案例4这两个评价设计，可以明显看出案例4更关注过程性、发展性和自主性，对学生的自主学习进行了有价值的指导和操作建议。

当然，一份完整的教育评价方案一般包括六个要素：评价目标、评价者、评价对象、评价标准、评价方法、评价程序。有兴趣的研学旅行指导师可以查阅相关文章和书籍，了解教育评价的发展历史、代表人物、主要观点、评价设计技巧等知识。

教育评价是一个出发点，也是研学旅行的有机组成要素，但绝非研学旅行实践教育的终点。其最大教育价值在于研学前、研学中、研学后的每一个环节都贯彻"教-学-评一致性"原则，评价与活动同行，以学生的发展为初心。

第七章

方法：教育戏剧在研学旅行主题课堂中的应用方法

本章导读

▶▶▶ 【本章概况】

在研学旅行指导师教学技能的培养中，如何营造体验式教学的氛围和推进探究式学习是实际教学的两个重点。在实际教学中，我们首先会遇到如何在营地、场馆或教室等空间根据不同条件来营造情境和深化主题的问题，而深化主题首先要营造出可持续探索的情境。因为一个可持续探索的情境可以让学员在实现目标的过程中不断获得成长，从而搭建起深入主题的桥梁，而连接桥梁最好的零件就是教育戏剧。下面我们谈谈何为教育戏剧及其融入教学的方法。

第一节　教育戏剧与研学旅行

一、戏剧从来就有教育的功能

戏剧除了艺术特点外，人们更要深刻认识其教育本质。中外戏剧都由祭祀开始，在各种情境或故事中充任神明或代表大自然的旨意，建立群体生命的价值。戏剧在漫长的历史发展中一直承担着荡涤心灵、治愈创伤、教育公民、凝聚集体力量的角色。

二、教育戏剧是过程中的学习

我国传统教育只有"戏剧教育"的概念，没有"教育戏剧"的概念。因此 20 世纪八九十年代人们在介绍西方教育戏剧的文章中，依然将"Drama/Theatre in Education"翻译为"戏剧教育"。90 年代后期，国内学者通过进一步学习和交流，才明白"教育戏剧"和"戏剧教育"实际上是两个完全不同的概念。在学校课堂或各类主题教育场景中，我们较多地使用"教育戏剧"（Drama in Education）或"创造性戏剧"（Creative Drama）。与传统的以培养演职人员的戏剧教育不同，教育戏剧是一种考虑学生年龄、能力、兴趣等因素，以戏剧或剧场的技巧，经过规划设计的戏剧程序结构，建立群体参与的互动关系，参与戏剧化学习，自行编写故事，从训练到呈现，目的不在于戏剧演出的好坏，而是一次过程中的学习的教育经历。教师或引导者带领学生通过资料收集整合、语言组合、肢体互动来表达文本，在过程学习中，因学生和教师是平等的，很多制作过程都出自学生之手，因此学生认同感很强，也加深了他们的记忆。

学生体验人物或故事时，通过同理心深刻地理解如何面对各种生活，并将之转变为一种沟通技能。运用文字、语言、肢体、空间来创造故事中的人物，在情境中体验生命的抗争，在他人和自己的矛盾中产生冲突，其中人物、环境、情节的设计是通过一种思维模式进行的，这是教育戏剧的重点，也是教育的重要元素，通过思维模式去设计人物、环境、情节的过程也必将重塑对自我的认识。

学生在小组成员间的合作中运用文学、美术、肢体动作去创造情境，在情境中通过专注力的松弛和情感体会去表达内容，这样就能掌控自己的专注力和情绪，在内容中体验矛盾的前因后果，从而了解生命的过程，了解解决困难的技巧，这样就能激发他们的创造力。所以，教育戏剧是从实践中建立人的成长，启发思考跨学科融合与研究，这将成为研学旅行指导师在教学中的必备技能。

通过以上阐述，结合研学旅行指导师教学技能的培养，作为一名今后准备将教育戏剧应用于研学场景的教师，应具备以下能力：

①热爱戏剧艺术、富于创意能力、勇于尝试新事物；

②接受过完整的教育戏剧训练、了解不同习式的组合方法；

③懂教育学、心理学并了解教育对象，拥有爱心、耐心和平等之心；

④善于引导学生通过教育戏剧过程去学习、反思并解决问题；

⑤针对不同对象讲故事的技巧；

⑥掌握语言、声音技巧、音色、声调特点和身体语言的利用；

⑦能在故事、戏剧活动中包含、建构学习元素；

⑧善于选择适宜、能进一步探索的主题。

三、建构戏剧的基本方法——教育戏剧跨学科工作坊设计

经过多年的实践和应用，教育戏剧已得到各国教育界的广泛认可，如何建立主题并进行探究式学习是所有教育者共同思考的问题。大家从早期的习式训练慢慢转变成如何建立以探究式学习为目标的主题工作坊，其中起源于1965年的英国"记录剧场"应用最为广泛。在演出期间或前后让学生参与具有教育目标的工作坊活动，将学生带入戏剧情境，借以达到教育目的。教育剧场的观众数量通常是以班或小组为单位，这是与普通儿童戏剧演出最大的不同，因为儿童戏剧对观众数量是没有限制的。

记录剧场的目的是教育，而非纯粹的观赏。通常是为了探究某个特定主题，配合学校或研学等教育内容。记录剧场的操作由教师通过一些教育性戏

剧的方法，使学生融入主题情境中，通过呈现还原部分情境和事件。较常处理历史人文题材，用以映射我们生活中关注的问题，如成长歧视、权力和公正、生态历史的发展等，当然也可以从文化课中取材并设计，了解人物和历史事件的关系。在小组创作中应以重视人格学习为成长目标，在学生学习的过程中促进其专注、想象与实际感知、身临其境与交流合作。使学生深入地参与，通过戏剧去成长，在专注力、知觉感觉、想象力、外表自我、说话表达、情绪管理、智能发展等方面都得到良好的发展，对故事或主题的认识和研究更有批判性和创意性。

第二节 工作坊案例 ....

一、小学五年级工作坊案例

（一）认知特点

这一时期的学生还不太成熟，对许多事情的看法还不完善，但已经具有独立意识，他们对与自己有关的事物是有感情、有想法的。

（二）教学目的

增进团体的思考深度、沟通合作和解决问题的能力，了解不同历史时期不同国家的社会关系。

（三）教学目标

①除了引导学生收集整理资料外，还要增加对历史的认识、对媒体资讯及艺术的互动与观察。

②结合以上生活观察，拓展思想层面，丰富表演内容并使之多元化。

③将戏剧的焦点冲突发展成故事情节，进而能对各种情感特质有较为深入的观察与表达。

（四）五年级课程表

五年级课程表如表 7-1 所示。

表 7-1　五年级课程表

授课团体和教师	张彬　杭州天地实验小学教育戏剧课程授课教师 国家二级导演 华东中小学校教育戏剧联盟创始人 学习强国杭州人才库专家
历史事件	历史主题《荷兰人入侵台湾》

续表

历史和地理元素		（1）荷兰军侵占台湾，明万历二十九年（1601年），荷兰遣军以贸易为名，驾舰携炮直抵吕宋岛、香山澳。万历三十二年（1604年），以重金贿明税使，登上澎湖，遂伐木筑舍为久居计。天启元年（1621年），荷兰军又驾舟东来，与葡萄牙军分地而守。荷军乘明军不备，以武力侵占台湾，筑室耕田，久留不去。后又以此为据点，寻犯中国东南沿海各岛屿。明军多次抗击获胜，但未能迫使其退出台湾。 （2）荷兰殖民者盘踞台湾38年，在今台南市修筑热兰遮城（今安平古堡）和普罗民遮城（今赤嵌楼）作为殖民统治的中心，为增加米、糖等农作物产量招募福建沿海和澎湖居民迁往台湾开垦。 （3）荷兰殖民者实行强制统治，把土地据为己有，强迫台湾人民缴纳各种租税，掠夺台湾的米、糖，将强购的中国生丝、糖和瓷器经台湾转口运往各国，牟取高额利润。 （4）荷兰殖民者的统治激起了台湾人民的反抗。1652年，郭怀一领导了台湾地区最大规模的一次武装起义，虽最终被镇压，但表明荷兰殖民统治已出现危机。9年后他们配合民族英雄郑成功驱离荷兰人，收复了台湾。 （5）从地理角度出发创建空间。
暖身活动		（1）两人一组，每个学生根据文本内容选择一个人物，只做人物的动作（两人一组进行肢体交流，之后说出两人刚才为何要用那些动作来交流）。 （2）两人一组，根据前组的动作结合语言来进行交流（完成后说出人物的关系，以及为何会产生对话的原因）。 （3）教师划定一个故事空间，学生在空间根据刚才的动作和语言进行站位。 （4）再次展开刚才的对话（完成后说出自己可能在哪个地点说出刚才的话）。
主题活动	剧情发展	（1）整理资料 熟悉素材内容后，进一步整理出可以产生行动的资料，如图片、地图、文献、食物、仿品、影片等，资料内容应包括以下内容： ①荷兰将领、军士、传教士的名字。 ②原住民的名字和社名。 ③荷兰人攻打社的图片。 ④荷兰人在社中的公告。 ⑤荷兰人在学校中教授的文字叙述。

续表

主题活动	剧情发展	⑥郭怀一抗荷事件。 ⑦荷兰人的政策。 ⑧荷兰人在赤坎地区建立新市街（1624年）。 ⑨荷兰人攻打社，有的社投降，有的社被歼灭。 ⑩荷兰人主导在投降的社中选长老。 ⑪荷兰传教士在社中办学校担任老师，并以罗马拼音作为原住民的文字。 ⑫荷兰人在大陆招募汉人来台，但对来台的汉人只给农具不给土地，并禁止任意迁移和互相交易，强迫他们娶原住民为妻。 ⑬发生了郭怀一抗荷事件（1652年）。 （2）生活圈子 简介：在一张大纸上划分五个部分，中间部分是个圆圈，里面写上戏剧人物的名字和年龄。圈外均分为四个部分，代表该人物的生活面貌及生活中会接触到的人。这四个部分分别写上住所、亲友、闲暇、工作／学习。 ①住所就是这个主角的日常住所；亲友指任何家庭成员或亲戚朋友；闲暇指课余或工余的朋友及活动；工作／学习则代表主角的工作地点、内容，或其他日常生活地点等。这些标题不必有价值判断，学员可以自己判断应插什么资料。学员为戏剧人物想象有关资料，并写入这四个部分。 ②接着，把学员分成四个小组，每组负责一个部分，分别创作一段简短对话：在每个部分找一个相关角色，与主角对话。这些都是在之前的活动中已被大家所接受的场景。 ③文化关联：生命中的重要人物；影响我们生命的人。 ④学习机会：商讨与选择内容，为意念定出次序；以最少的资料建构复杂的人物；在人际影响和社交关系的基础上推敲、分析人类行为。 （3）给各小组命名 ①整理所收集的资料，并将其制成文案，由个人或各组介绍给全体参与者。 ②以上述荷兰人的政策为主题，用定格画面来表达每组所描述的特定情景。如《荷兰人攻打社》《社中的反抗》《传教士在社中上课》《汉人和原住民》《告密者》。同时在一组呈现结束后、另一组呈现前可思考，我们这组是否有修改的空间？从时间和人物逻辑上思考，我们这组应该在哪一环节呈现？

续表

主题活动	剧情发展	③在进行定格画面前，先用笔在纸上写××将军、××长老、地点或可能使用的道具（道具可以无实物进行），然后把这些纸贴于将呈现内容的学员背后。 上面的场景往下会发展出不一样的故事情节，请表演出来。 （备注：鼓励学生为人物赋予不一样的性格或做事原因。）
	在定格画面中加入动机	（1）在一系列定格画面之后，每组之间可以进行资料交换。 （2）长老组可以和荷兰兵的组交换信息，得出有人可能要发动对荷兰人的反抗。 （3）原住民组可以和汉人组进行信息交换，得出汉人的原住民妻子是告密者。汉人先前因某些原因被抓，为了救回爱人她选择了告密。 （4）社中学校组和原住民组交换信息，意欲选出更听话的原住民充当教学助理。但有人却不愿信奉基督教，选择祭祖的方式表达信仰，引起内部矛盾（可以是原住民之间，也可以是汉人、荷兰人、原住民之间）。
成果讨论活动		角色交换展开思考：各组之间可以角色互换，同时思考各种可能性，如荷兰人采取压迫以外的方法统治，是否会引起反抗？（思考殖民统治是否不可避免？）又如妻子如果不告密能否救回爱人？以上用来思考开放式结局和殖民历史的本质。

二、高一年级工作坊案例

（一）认知特点

自我意识提高了很多，期望自己在人际交往中能受到肯定；对游戏、角色扮演和参与自我表现的集体活动充满兴趣，个人表现欲强；个性意识很强，希望自己与他人看问题的角度、观点不同。

（二）教学目的

沟通能力、合作能力、认识世界的能力，通过历史学科了解职业教育。

（三）教学目标

①引导学生深入细致地认识不同视角下的文艺复兴和世界。

②探索不同的艺术创作方式，表现创作的想象力。

③通过集体创作方式，与他人合作完成艺术作品。

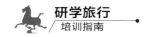
④丰富学生的文学表达能力，增进其理解并思考有关人类的思想观念及职业选择等重要议题。

⑤通过讨论、分析、判断等方式，表达学生自己对艺术创作的审美经验与见解。

（四）高一年级课程表

高一年级课程表如表7-2所示。

表7-2　高一年级课程表

授课团体和教师		张彬　苏州第五中学省级戏剧教育基地授课教师 国家二级导演 华东中小学校教育戏剧联盟创始人 学习强国杭州人才库专家
历史事件		历史主题《文艺复兴初期的那些职业》工艺博物馆课程
历史元素		（1）13世纪，17岁的意大利人马可·波罗跟随父亲和叔叔来到中国，在中国游历多年后，写下了《马可·波罗游记》，记录了他在中国的所见所闻，成为西方人了解神秘东方大国的窗口。从此这本书在欧洲广为流传，同时也成为文艺复兴时期想改变自身命运的欧洲人的精神原点。 （2）背景对比：在中世纪，理想的人应该是自卑、消极、无所作为的，人在世界上的意义不足称道。 （3）文艺复兴发现了人和人的伟大，肯定了人的价值和创造力，提出人要获得解放，个性应该自由。 ①重视人的价值，反对消极的无所作为的人生态度，提倡积极的冒险精神。 ②反对盲从。要求发展个性，提倡公民道德，认为事业成功及发家致富是道德行为。 ③提倡乐观主义的人生态度。这些不可抑制的求知欲和追根究底的探求精神，系创造现世的幸福而不懈奋斗的乐观进取精神。
暖身活动	戏剧性游戏	（1）将椅子依照学生人数排成一个圆圈，其中一张置于圆圈中央（不能有多余的椅子）。 （2）学生坐在椅子上，教师一面绕着圆圈，一面分配游戏角色，依序将学生命名为"工匠""贵族""船员""商人"，以此类推，直到每一位学生都被命名为止。

	戏剧性游戏	（3）选一位学生（或由教师）坐在圆圈中央的椅子上，通过呼喊"工匠""贵族""船员""商人"进行游戏。如果喊的是"工匠"，则所有被命名为"工匠"的学生必须离开他们原先的椅子，并且找到另一张椅子坐下。呼喊的内容也可以是"工匠＋贵族""商人＋船员"等。 （4）这个游戏的目的是让坐在圆圈中央的人进到圆圈，并且让没能及时找到椅子的人换到圆圈中央，重新开始游戏。 （5）在这个游戏中，不允许任何参加者直接坐到自己身旁的椅子上，或者坐回到他们刚起身离开的椅子上。 （备注：首先，学生互相熟悉并互动成完整的集体；其次，熟悉人物关系；当学生被赋予新的名字，成为新的角色并据此行动时，他们平时的身份就被暂时搁置了，为进入即兴表演做准备。）
暖身活动	主题探究	（1）经历法 学生经由个人独白讲述一段自己的经历，旁边的学生是倾听者也是收集者。 以街头吟游诗人为原型朗读以下内容： 皇帝、国王、公爵、侯爵、伯爵、骑士和市民们，以及其他所有的人们，不论是谁，如果你们希望了解人类各种族的不同，了解世界各地区的差异，请读一读或听人念这本书吧！你们将发现，在这本书中，那些在中国的花园和大汗宫廷，装载银具和宝石的大象。各条大道，高于周围地面，易于排水；大运河上，商人船只常年川流不息；各个港口，停泊着比欧洲人所知道的还要大的船只，各地生产着香料、丝绸、生姜、糖、樟脑、棉花、盐、藏红花、檀香木和瓷器。（请学生饱含情绪地朗读出来，之后以第一次听到这段话为例询问大家的感受） （2）社会圈子的发展 ①商人组成远航船队（各地商人组成，同时商人也是消息的传递者）。 ②地方贵族（由老贵族和商贸家族组成）。 ③地方加工者（手工商品的加工者）。 这三者之间的关系是地方贵族提出定制东方货物的要求，同时出资资助远航舰队，由远航舰队的商人收集本地手工业者的货物并带往东方销售。 （3）我是谁 ①我是谁 在一张纸上写出"我是谁"，包含年龄、性别等外部描述。

续表

暖身活动	主题探究	②我的社会关系 在确定"我是谁"之后，请在纸上画出三个部分，分别是你的住所、家人和你的工作内容。 ③产生对话 以我为中心话题，分别和我的家人或工作伙伴产生一段简短的对话，开始前思考你说这段话的动机和目的。 （4）商人和贵族 两种商人： ①商人1：勇于探索，遵守商业规则。 ②商人2：喜欢钻营，制造仿品。 两种贵族： ①贵族1：保守贵族，对崛起的商业家族很不屑，认为那些投机者应该保留贵族的传统。 ②贵族2：勇于打破规则，出资海外商队。 两种工匠： ①工匠1：认真工作，保持传统，以公平的价格交易。 ②工匠2：和仿品商人一起制造仿品。 （根据上述条件说出不同选择对社会和个人的影响，会有不同的选择吗？）
	典型人物选择	从古至今，东西方无论是在历史还是文学、戏剧等方面都存在着典型人物，而典型人物不仅是了解历史的契机，同时也是重新审视自身的一面镜子，所以找出普遍性是第一位的。 人物的类型和身份： ①父亲（一个保守的匠人）（一个保守的贵族）； ②母亲（刚接触新文化的贵妇人）（接触新文化后为生存苦恼的妇人）； ③儿子（两个不同阶层的孩子，面临自己的职业选择）。 关键画面：由不超过三组的行动组成主要人物此刻最想表达的一句话，人物可以选择先进入某个情境开始自己的故事。 （1）13世纪，威尼斯城中的手工业者制作的东西没有统一标准，商人在收购时往往会以不合格来压低价格。 ①商人； ②地方贵族； ③地方加工者（手工商品的加工者）。 每组说出此刻自己最想表达的一句话，必须和自己面临的危机有关。

暖身活动	典型人物选择	①根据上述条件，谁先说出自己此刻的困境？会影响到谁？ ②通过第一个人的话，安排自己的片段。 父亲：我希望你继承我的爵位！ 儿子：可我想当个商人，父亲您就不能为我着想吗？ 父亲：你是个贵族，只有继承这一条路可选。 儿子：父亲，现在已经不是中世纪了，现在的佛罗伦萨充满商机。 父亲：我希望你能和我一样制造仿品，现在只有制造仿品才能活下去。 儿子：父亲！我们虽然是手工业者，但我们也要遵守商道啊。 （2）将学生按4～5人分为一组，让他们运用自己的肢体创造出选取的状况的静像画面。 （3）提醒学生，小组中的每一位成员都要置身画面中，而且这个画面必须非常清楚地呈现正在发生的事——戏剧化的情景、纠结的人物内心、两难的抉择…… 让各组轮流呈现他们的画面，并且询问观众从画面中察觉到什么，让观众猜测他们表现的是哪个瞬间。 （备注：呈现戏剧瞬间，引导学生思考什么样的情境是戏剧情境。要求学生在情境中，表现出角色面对各种问题时应采取的对应方式以及他们自己会采取的对应方式，包括人自身的困难、人际关系、意念冲突、社会性的关联、审美的观点等。）
成果讨论活动		职业是人们在社会中所从事的作为谋生手段的工作。 （1）从社会角度看，职业是劳动者获得的社会角色，劳动者为社会承担一定的义务和责任，并获得相应的报酬。 （2）从国民经济活动所需要的人力资源角度看，职业是指不同性质、不同内容、不同形式、不同操作的专门劳动岗位。 ①你最理想的生活状态是什么样子的？ ②你最想从事什么职业？只要生活不受影响，即便没有报酬也会干得兴高采烈、热情澎湃。 ③如果不能达到最理想的状态，你能接受的比较满意的状态是怎样的？ （备注：教师可以给讨论套上辩论大会的外衣。对于教育戏剧课堂活动而言，最后的讨论部分是至关重要的。不管工作坊前段的戏剧排演进展得多好，如果缺少讨论部分都会让所有的努力事倍功半。因为讨论部分承载着教学目标的明朗化。通过讨论，学生可以沿着教师的指导去关注问题、关注细节、关注生活。）

三、回顾戏剧主题化研学课堂的构建步骤

①通过热身训练舒展肢体，进行学生之间的了解并分组。

②通过组合式热身训练，完成对主体人物资料的初建。

③通过线索材料训练，完成对素材的探讨和发展材料中蕴含的主题、事件、意涵。

④通过生活圈训练，提炼出人物之间的关系，延伸对话逻辑完成主体事件以及选择方向。

⑤各组决定自己的角色和身处的地点，各组人物角色互有关联。教师入戏扮演角色，不按照特定的次序进入各组，稍作即兴演出，然后离开，暂不需要演出的组别充当观众。

⑥反思访谈，学生以自己或角色的身份，咨询或访问戏剧人物，戏剧人物由学生扮演，并以角色身份回答问题。教师可以叫停即兴演出，从定镜中"释放"出戏剧人物，或请学生先行预备这些角色，教师特地安排角色坐在咨询者面前，接受提问。

综合以上案例，可见"教育剧场"对培养学生在不同研学主题中的探究式学习有积极作用。在此工作坊的教学过程中，学生呈现真实、多面、思辨的想法，在编演过程中思考世情事理，探索社会人生。实操中，通过"定格画面""关键人物分析和成长""历史资料的整合和切入"等方式循序渐进地引导学生呈现对自我、对社会、对历史与文学的思考。同时，学生通过活动能获得深刻的人生感悟，汲取更多的生活知识和为人处世的经验，体悟团队精神，养成合作能力，这些与我国研学教育的培养目标是一致的，同时也是推进新教育的突破口，也是我们开设"教育剧场"课程的目的所在。

第八章

技巧：研学活动组织与研学旅行指导师带团技巧

本章导读

▶▶▶ 【本章概况】

　　本章介绍了研学活动组织、研学旅行指导师概述、研学旅行指导师带团技巧。研学活动组织主要从研学活动组织主体、研学活动中的师资安排、研学活动组织流程三个方面进行阐述；研学旅行指导师概述主要从研学旅行指导师的定义、分类、角色定位进行阐述；研学旅行指导师带团技巧主要从研学活动策划能力、组织保障能力、心理辅导能力、教育教学能力四个方面进行分析。

第一节　课程概况

随着研学旅行纳入教学计划，研学旅行逐渐成为刚需。2016 年，教育部等 11 部门《关于推进中小学生研学旅行的实施意见》指出，当前一些地区在推进研学旅行工作过程中，存在思想认识不到位、协调机制不完善、责任机制不健全、安全保障不规范等问题，制约了研学旅行的有效开展。该意见要求各地要把研学旅行摆在更加重要的位置，推动研学旅行健康快速发展。本课程通过对政策文件的解读和对文献资料的查阅分析，结合自身研学旅行活动组织实际和经验总结，对学员进行研学旅行理论体系和课堂实战培训，浅谈综合实践活动教育和研学旅行指导师的培养。本课程设计旨在培养研学旅行专业人才，满足研学旅行市场不断发展的需求，为综合实践活动指导教师提供实践教育专业发展的大舞台。

本课程分为三大主题板块，分别是研学活动组织、研学旅行指导师概述、研学旅行指导师带团技巧。首先，从研学活动组织主体、研学活动中的师资安排、研学活动组织流程三个方面阐述研学活动组织；其次，从研学旅行指导师的定义、分类、角色定位对研学旅行指导师概述做了介绍；最后，进一步从研学活动策划能力、组织保障能力、心理辅导能力、教育教学能力四个方面分析研学旅行指导师带团技巧，旨在提高研学旅行指导师的专业能力和实操技能。

第二节 学情分析

　　研学旅行不是单一的行业，而是一个跨界融合的综合体，这也决定了培训学员主体的多元化。参加培训的学员以从事教育和旅游行业的人员为主，有学校、旅行社、景区、拓展机构、教育培训机构等相关工作人员，如教师、导游以及正在从事研学旅行的人员，还有从事户外拓展的人员等。他们都有一个共同点：已在自己所处的行业领域深耕多年，并且对研学旅行有一定的初步认知，想抓住研学旅行的风口寻找行业融合的突破口和创新点。但他们没有系统地进行研学旅行相关知识的培训，对研学旅行的组织、操作、实施以及行业转型升级等方面的问题存在深度思考和疑问，因此他们对研学旅行充满好奇，求知欲强烈，大部分学员的学习目标较为明确，学习热情高涨。本课程根据研学旅行实践操作中的研学活动组织以及研学旅行指导师的带团技巧作为主要授课内容，具有极强的实践性和专业性，可为研学旅行的实施提供经验借鉴和参考。

第三节 课程案例

一、研学活动组织实操案例——南宁园博园

1. 研学地点

南宁市园博园。

2. 对象

小学 4—6 年级。

3. 人数

2 000 人。

4. 线路安排

本次园博园研学活动根据不同学龄段儿童的特点及课程，将研学线路分为 A、B、C 三条，具体内容如表 8-1 所示。

表 8-1　南宁园博园研学活动线路

线路	年级	主题	地点
A 线	四年级	探寻园林建筑之美 触摸民族文化之魂	中华城市园（北）
B 线	五年级		中华城市园（南）
C 线	六年级	寻找最美丝路 领略大国风采	丝路园

5. 准备工作

（1）校方

研学课程、研学教案、实施方案、应急预案、研学手册。

（2）研学旅行指导师

研学教案、研学手册、研学物料。

（3）学生

研学手册、评价表。

6. 教学活动保障

（1）行前准备

为了更好地达成此次研学旅行的目标，应对参与研学旅行的所有学生和工作人员提前进行培训，让大家预先了解本次研学旅行的目的和意义，特别要针对课程内容提前进行沟通。

（2）周密计划

在前期准备工作中，组织者要认真做好课程设计方案，形成研学手册并提前发放到师生手中；要及时与学校、当地旅游部门及相关政府部门做好联络和对接工作，综合运用多方教育资源，确保实现教学目标。

带队的研学导师要熟知研学线路，针对每个教学要点认真阅读课程设计方案，熟悉课程内容，做好教学方案，并完成研学手册的内容，做到心中有课堂，对知识要点信手拈来，以便更好地将课程知识传授给学生。

7. 研学活动保障

（1）研学导师（由国家金牌导游广西联合工作室提供）

"万名旅游英才计划"是文化和旅游部为贯彻落实旅游业"515战略"和《"十三五"旅游人才发展规划纲要》等组织实施的，包括研究型英才培养项目、创新创业型英才培养项目、实践服务型英才培养项目、"双师型"教师培养项目、旅游企业拔尖骨干管理人才培养项目、技术技能人才培养项目。其中金牌导游培养项目是技术技能人才培养项目的子项目。2018年初国家金牌导游（南宁）工作室挂牌成立，同年11月国家金牌导游广西联合工作室成立，来自广西南宁、柳州、桂林的8位金牌导游将共同致力于培养和打造复合型多元化导游队伍，开展导游业务研究，进行导游讲解员培训，为广西导游队伍建设贡献力量。国家金牌导游（南宁）工作室自2018年成立以来，共培养研学导师60余名，为研学旅行提供专业的研学导师服务。

（2）安全保障

首先，校方及活动承接方在行前制订安全工作预案，明确安全责任与措

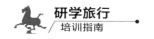
施；其次，开展全面的研学安全教育，有针对性地组织学习《中小学生安全教育手册》，增强师生安全意识；最后，组织出行师生购买意外伤害险，校方要投保校方责任险，与家长签订安全责任书。

由"蓝盾守护计划"的教官担任安全员，周全的个人防护、丰富的野外知识、熟练的操作技巧、精准的危机评估，以及制订合理完善的安全紧急预案，让孩子出游无忧，由安全员全程保障孩子的人身安全，孩子开心，家长更放心。

（3）医护保障

由持"红十字救护员证"的导师为学生提供全天候 24 小时的医护保障。持证导师具备各种紧急情况的应急救护技能，能够在学生发生事故的第一时间进行紧急处理，给研学团提供坚强的医护保障。

（4）生活关心

由广西知名高校的大学生担任生活辅导员，能够从生活上、心理上全方位照顾学生，在生活中能够给学生补充知识，督促学生的日常生活，在旅程中能引导、启发学生不断学习，吸收新知识，收获正能量。

（5）研学手册

精心设计和编排的研学手册，能够帮助学生及时记录课程笔记、研学心得。从各方面合理安排学生的研学时间，记录研学点滴，为学生留存一份宝贵的研学回忆。专业的研学导师组织力量编写了研学手册，旨在服务师生、家长，让研学旅行的深层次核心效用得到充分发挥。

（6）课程反馈

孩子离家出门在外，家长最是挂心。我们建立家长微信群，缩短沟通距离，做到有问必答。在研学过程中上传孩子的研学活动照片，让家长了解孩子的学习动态，做到及时、有效地传递信息，也为研学活动留下美好的回忆。

二、研学实践教育基地——广西铜石岭国际旅游度假区

广西铜石岭国际旅游度假区有大型集体研学活动场地 6 个，单日接待量可达 3 000 人以上，基地停车场及临时停车点可同时容纳 20 辆大巴车停放。

三、研学旅行指导师的语言能力——朱瑾花、铜鼓

你能从哪几个方面引导学生认识朱瑾花？
颜色、科属、生长习性、寓意……

铜鼓文化知多少？
特征、功能、分类、历史、纹饰寓意……

四、研学旅行指导师的角色定位——我国科技文化的传播者

如研学旅行指导师组织的中国科学院·贵州天眼研学团。

五、研学课程设计开发能力及实施能力

1. 研学教材编写

国家"十三五"规划教材（旅游教育出版社）选用国家金牌导游（南宁）工作室研学案例。

2. 景区研学课程开发

自治区级中小学生研学实践教育基地——防城港七彩贝秋湾景区研学课程开发。

3. 学校研学落地执行

协助研学机构、旅行社组织实施研学活动，深受机构、校方、家长和学生的好评。

六、研学旅行指导师的心理辅导能力

【案例】

李明今年8岁，是一名成绩优异、高智商的学生，但是他性格内向、胆小，独来独往，人际关系欠佳，集体活动也很少参加。放学回家后，他钻进房间

看电视、看书，就再也不出门了。

爸爸妈妈听说中国科学院有一个 7 日研学团，想让他参加，目的是提高孩子的社会交往能力，希望打开孩子的心扉，培养积极向上、活泼开朗的性格。

假如你是这个研学团的研学旅行指导师，遇到内向、孤僻、不爱交际的李明，将如何调动他的积极性，引导他积极参与集体活动，敞开心扉交友、学习呢？

辅导方法：

①鼓励李明多与人交谈：做到有话就说，有事就谈。做自己感兴趣的事，多与老师交谈，说出自己的心里话，可以和他一起制订改变胆怯的心理计划。

②引导交友：研学旅行指导师可以介绍研学团里性格外向、活跃的同学和他交朋友，创造机会让他们互相交谈，共同商讨解决不爱交际、胆怯和内向的办法。

七、山歌里的文化知识

教你说壮语

亲爱的朋友有机会来到广西

看一看这块圣地美丽的风景

壮族的人民欢迎你热烈欢迎你

让我来教教你说一两句壮语

欢迎欢迎叫作 angq coux

angq coux 是欢迎

mwngz ndei mwngz ndei 就是你好

你好叫作 mwngz ndei

gwn laeuj gwn laeuj 就是喝酒

喝酒叫作 gwn laeuj

dugaeq dubit dumou 就是那鸡鸭猪

嘿嘿嘿嘿嘿嘿嘿嘿嘿

听我唱刘三姐的歌

跟我学一两句壮语

一二三四五六七八

ndeu song sam seiq haj roek caet bet

会不会说　会不会说

rox mbouj rox gangj

rox mbouj rox gangj

rox mbouj rox gangj

山歌好比春江水

唱山歌　哎

这边唱来那边和

山歌好比春江水　哎

哪怕滩险弯又多　噢弯又多

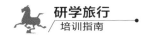
第四节　教学内容

一、研学活动组织

1. 研学活动组织主体

主办方：校领导、班主任、学科教师。

承办方：项目组长、研学旅行指导师、安全员（辅导员）。

接待方：地接社导游、基地（景区）讲解员。

供应方：酒店、餐厅、车队。

2. 研学活动中的师资安排

①学校总负责或承办机构总领队。

②学校教师。

③承办方人员。

④安全员。

⑤家长志愿者。

3. 研学活动组织流程

（1）承办方（旅行社／研学机构）

①线路资源勘察与设计。

②课程设计与研学手册的研制。

③与供应方、保障方的协议。

④为校方提供行前课程。

⑤制订安全防范措施和应急预案。

⑥园博园实操案例分享（课程案例部分已详细说明）。

（2）校方

①研学旅行的组织与动员：学生动员、课程选择与编组、沟通渠道的建立。

②对家长志愿者的培训课程。

③对研学导师的培训课程：学校教师、承办方研学导师。

④学生行前课程：安全责任（文明、安全、专题）。

⑤与承办方、保障方的协议。

⑥与承办方的沟通与组织。

（3）研学实践教育基地

①接待前的准备工作：

信息沟通，做好确认工作。主要包括接待人数、到达离开时间、人员配置方案、用餐方式和时间、车辆数量和停放位置、应急避难路线、应急投诉电话等。

②接待中的工作：

A. 迎接团队：掌握研学团的车辆信息及到达时间，到基地正门迎接研学旅行团队，接待负责人向研学旅行团队致欢迎词。

B. 引导授课：基地工作人员引导研学团到指定的研学活动场所进行授课，并开展相应的研学旅行活动。

C. 欢送团队：活动结束后欢送研学团，向研学团致欢送词，护送研学团至基地门口乘车离开。

③接待后的工作：

研学团反馈信息处理：接待信息的收集与反馈，质量信息（包括投诉、抱怨）反馈的接收登记、分析、处理及存档工作。

总结反思：总结和反思基地接待的不足之处，组织各部门及时提出整改措施，制订整改计划和方案，将整改工作落实到各部门，有计划、有组织、科学地进行修正工作。

二、研学旅行指导师概述

1. 研学旅行指导师的定义

研学旅行指导师是指策划、制订或实施研学旅行课程方案，在研学旅行过程中组织和指导中小学生开展各类学习研究和体验活动的专业人员。

（1）研学旅行指导师和研学导师有什么区别？

"导师"和"指导师"虽一字之差，但准确性却不同。

（2）对"导师"的解释：

①高等学校或研究型机构中指导学习、进修、写论文的人员。

②在大事业、大运动中指示方向、掌握政策的人。

对"指导"的解释：指示、教导、指点、引导。

（3）何为研学旅行指导师？

①笑容、热忱、态度；

②半个教育工作者；

③陪伴孩子们玩乐的大哥哥、大姐姐；

④孩子们的安全维护者（另类保姆）。

2. 研学旅行指导师的分类

按照委派的主体可分为学校研学旅行指导师、旅行社研学旅行指导师、基（营）地研学旅行指导师、其他研学旅行指导师。

【思考】

组织一次研学活动，研学旅行指导师应当做好哪些工作？

（1）准备阶段（行前）

①熟悉研学课程方案与团队情况：相关研学目标和行程计划、学生情况等；

②必需物品的查核与准备：教具、名单、分房表、分车表、就餐座位、票据；

③知识准备：熟悉课程教学内容；

④联络与沟通：落实房、餐、车。

（2）课程实施阶段（行中）

课程开始前：

①让学生清楚本次活动的目标；

②让学生熟悉活动的环节和时间安排；

③让学生清楚需要完成学员手册的内容；

④让学生清楚活动的注意事项；

⑤让学生清楚发生紧急情况时寻求帮助的方法。

教学过程：

①对学生活动方式与方法的指导，帮助学生找到适合自己的学习方式和实践方式；

②重在激励、启迪、点拨、引导，不能包办代替学生的活动过程；

③指导学生做好活动过程的记录和活动资料的整理。

行中内容：

①组织实施研学课程中的各项活动；

②落实研学全过程中的安全教育及处理团队突发事件；

③落实研学旅行过程中房、餐、车、基地等各项资源；

④汇总整理各类数据、照片及影像等资料；

⑤协助学校完成此次研学质量的过程性评价，途中管理从担心安全到确保安全。

具体细节：

①餐厅用餐：一餐一饭，来之不易（餐前感恩言）；

②整理数据：学习资料、影像资料；

③晚课活动：激发兴趣爱好，增加研学乐趣（做好第二天研学准备）。

研学辅导员每日工作流程：

①学生人数核对；

②巡餐；

③查房；

④课程评价；

⑤工作日志。

实施研学课程：

①教学过程中使用职业用语，使用普通话；

②各班及各车辅导员注意教学语言及授课内容的一致性；

③教学内容积极向上，树立正面形象，禁止出现野史、杜撰、神话歪曲历史事实的案例；

④教学用语职业、规范，禁止使用污言秽语；

⑤教学过程中禁止过度使用口头语，注意语言表述的职业性；

⑥教学过程中禁止私自删减研学基地学习内容。

（3）总结阶段（行后）

研学导师应指导学生选择合适的结果呈现方式，鼓励多种形式的结果呈现与交流，如绘画、摄影、戏剧与表演等。

怎么做？

①反思。鼓励学生表达研学过程中的感受。

②归纳。提升个体经验，促进知识建构。

③应用。能把研学活动经验应用到具体的生活情境中。

④感恩。能对别人的帮助主动表示感谢，乐于帮助别人。

3. 研学旅行指导师的角色定位

（1）实践教育的引领者

研学旅行首先是一种实践教育，研学旅行指导师是学生参与研学旅行实践教育的引领者。在研学旅行活动过程中，研学旅行指导师需启发学生自主学习的意识，激发他们浓厚的学习兴趣。

实践教育者需要具备何种能力？

简单来说，实践教育者需要具备语言能力、接待操作能力、知识能力、教学能力、课程开发能力、组织管理能力。

案例展示：朱瑾花、铜鼓文化锻炼学生的语言组织能力和逻辑思维能力。

（2）优秀文化的传递者

文化是一个国家、一个民族的灵魂，是国家综合国力和国际竞争力的深层支撑。研学旅行指导师在带领学生游览祖国大好河山的同时，也要讲好中国故事，推动中华优秀传统文化在学生心里生根发芽。

（3）研学活动的组织者

研学旅行活动是以集体旅行、集中住宿的方式，引导中小学生在实践中体验，在体验中学习研究，这就需要研学旅行指导师具备超强的组织协调能力。研学旅行指导师的组织协调能力直接影响研学旅行课程实施效果的好坏。

研学旅行指导师作为研学活动组织者的基本配备：

外观：名牌（识别证）、哨子、识别旗、统一服装、运动鞋。

内涵：亲切的笑容、负责的态度、温柔的语调、大爱的心态、正面的思考、冷静的逻辑思维。

（4）生活学习的服务者

研学出行，短则一天，多则两三天。一方面，需要培养学生独立生活及处理日常事务的能力；另一方面，也需要研学旅行指导师随时落实，保障每一天的生活和工作。

（5）安全研学的保护者

教育部等11部门印发的《关于推进中小学生研学旅行的意见》明确提出了"以预防为重、确保安全为基本前提"的工作目标。可见安全问题是学生研学出行的前提条件。

三、研学旅行指导师带团技巧

1.研学活动策划能力

①活动策划的基础能力：包括文案能力、策略能力、PPT能力、提案能力。

②活动策划的进阶能力：包括学习能力、想象能力、资源整合能力。

2. 组织保障能力

组织保障能力包括协调关系的能力、发现人才的能力、领导团队的能力、统筹和控制能力、安全保障能力。

3. 心理辅导能力

心理辅导能力是指研学旅行指导师能与学生建立一种具有咨询功能的融洽关系的能力，以帮助学生正确认识自己，接纳自己，进而欣赏自己，克服成长中的障碍，改变自己的不良意识和倾向，充分发挥个人潜能，迈向自我实现的过程。

4. 教育教学能力

教育教学能力是指研学旅行指导师在研学旅行活动中展现出来的教育教学技能，具体表现为完成一定研学课程教学活动的方式、方法和效率。

第五节 教学反思

目前研学旅行正处于群雄逐鹿的局面。研学旅行不再是传统的游和玩，而是运用教育源于生活、源于社会、源于自然的教育理念，建立起学生和社会之间的有机联系，促进学生的自我成长。同样，研学旅行还处于探索期。作为跨界领域的研学旅行才刚刚兴起，当前国家政策和行业规范还不够完善，面临不少行业痛点。一方面，研学出游安全责任极其重大，教育部门、学生家长都极为谨慎，一旦发生安全事故，研学市场被牵连的可能性极大。另一方面，研学旅行也容易出现"只学不旅"或"只旅不学"等现象，严重同质化。这些问题需要我们把过去开展的研学旅行工作进行一次全面深刻的反思总结，直面不足，提炼成功经验与成果，不断修炼内功，以臻完善。

本课程总结了研学旅行活动组织与实施的经验，结合研学旅行指导师的实操带团技能并融入研学旅行相关理论精心设计，课程具有极强的实践性，但也存在理论与实践融合不足的问题。基于此，课程设计小组结合研学活动组织的实际，研读研学政策文件，借鉴行业资源，以先进教育理念（PBL、STEAM）为指导，明确目标和完善评价方式，反复进行研课磨课，经多次修改完善后教学效果得到明显改善。未来的课程设计会更侧重于提升理论与实践的深度融合，找准"教育＋旅游"的切入点和创新点，以研学实践为主线，以项目为载体，以任务化驱动的教学方法进行课程内容的创新。

第九章

案 例

本章导读

▶▶▶ 【本章概况】

　　从"游学"演变为"研学"，无论是称呼"研学旅行"还是"研学实践教育"，研学旅行是新时代我国学校教育和校外活动衔接的创新方式，它将研究性学习和旅行体验相结合，是一种综合实践育人的有效途径。这些年随着研学旅行的探索，将研学旅行的教育功能最大化，已经形成共识，这是行业质的飞跃，是研学旅行更加规范、更加专业的具体表现。同时，出现了研学机构、研学基地（营地）、服务平台如雨后春笋、研学理论百花齐放的局面。在探索的这些年中越来越多的从业者参加了培训，参与了课程设计，设计了《研学旅行手册》，本章以从业者培训、课程设计，《研学旅行手册》分别进行介绍，引领指导，每一个案例，都经历了反复实践和总结，但终究还是一家之言，希望与同仁探讨，起到抛砖引玉之功效。

案例一 研学旅行培训案例 ....

基于项目式学习的文旅人才"双循环"非学历培训模式研究
——以桂林旅游学院研学旅行指导师培训为例

【摘要】在新冠疫情影响以及加快构建以国内大循环为主体、国内国际双循环相互促进的新发展格局面前，文化和旅游发展形势对人才提出了更高的要求，从而倒逼面向行业的非学历培训质量提升。本文基于项目式学习（PBL）视角，通过文旅人才"双循环"非学历培训模式的构建，探索项目式学习（PBL）要素与文旅从业人员培训相结合的创新价值和实际效果。实践表明，该模式符合文旅产业跨学科、跨领域的融合属性，可以提升非学历培训的自主学习能力和内在动力，将成为文旅从业人员素质提升和产业高质量发展的重要推动力。

2020 年的新冠疫情对旅游产业造成了第二次世界大战以来最严重的一次打击，在文旅融合背景下，特别是在加快构建以国内大循环为主体、国内国际双循环相互促进的新发展格局面前，传统旅游业粗放型的发展劣势已经凸显，从业人员知识和能力更新不足，无法适应业态更新和消费升级的需要。这些因素加上疫情影响，对文化和旅游从业人员素质提升和非学历培训提出了更高的要求。如何通过非学历培训创新，推动新时代文旅产业高质量发展，已成为文化和旅游教育培训机构面临的重要课题。本案例拟通过桂林旅游学院继续教育学院在引入项目式学习（PBL）、构建文旅人才"双循环"培训模式方面的实践，为推动新时代文旅产业人才素质提升和产业高质量发展方面做一些粗浅探索。

一、"双循环"非学历培训模式研究的背景与文献综述

（一）研究背景

1.终身学习体系构建的现实需要

2015年联合国教科文组织《教育2030行动框架》提出，"包括大学以及成人学习、教育与培训在内的技术职业教育与培训、高等教育，都是终身学习中的重要因素"。党的十九届四中全会提出，要"构建服务全民终身学习的教育体系"。2019年，中共中央、国务院印发了《中国教育现代化2035》，提出将"更加注重终身学习"作为八大基本理念之一，将"建成服务全民终身学习的现代教育体系"作为主要发展目标之一。在终身学习体系中，行业培训、技能培训、考证培训等非学历培训占据了学习的半壁河山。从终身教育角度看，非学历教育应该成为终身教育体系的主体，非学历培训开展的质量、效果将直接影响到终身学习体系的建设。因此，基于现代教育理论构建非学历培训模式将有效助力终身学习体系的高质量发展。

2.文旅融合背景下产业人才素质提升的现实需要

为深入贯彻落实中央关于统筹推进文化事业、文化产业和旅游业发展的决策部署，2018年，以文化和旅游部以及省级文化和旅游行政部门挂牌组建为标志，文化和旅游融合发展工作正向纵深推进。文旅融合给文旅产业发展带来了新使命和新机遇，也提出了新命题和新挑战，如何更好地"以文促旅、以旅彰文"不但成为文旅融合的现实要求，也成为文旅人才培训的工作目标，对文旅人才素质提升提出了更高的要求。在新的要求面前，文旅行业人才培训的内容、对象、方式、培训者关系也随之变化，传统的非学历培训方式已不能满足产业发展的需要，迫切要求迭代升级：纵观文旅人才非学历培训历程，已经从传统阶段的1.0版逐渐过渡到发展阶段的2.0版。培训对象也由单一的旅游行业从业人员，更广泛地覆盖到各个领域。培训方式也不局限于理论授课，而是更多元、更立体的培训架构。培训者与学员之间的关系演变到网络化的社群关系构建（图9-1）。文旅产业人才素质提升的需求迫切需要3.0版文旅人才培训模式的构建。

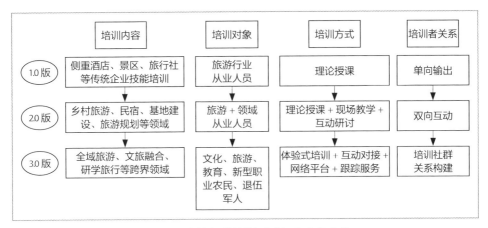

图 9-1 文旅行业培训形式与内容的变化

3. 后疫情时代文旅产业发展的现实需要

2020 年新冠疫情席卷全球，给予全球经济沉重打击，各地旅游业也呈停滞不前的状态。根据世界旅游及旅行理事会（WTTC）的预测，新冠疫情预计可能导致 2020 年全球旅游业产值损失 2.1 万亿美元，同时将危及 7 500 万个旅游工作岗位。疫情给旅游业带来沉重打击的同时，也倒逼旅游新业态的发展，如亲子游、周边游、高端度假、康养旅游产品将受到青睐，"随心飞""随心住"、新定制将成为常态，5G、大数据、人工智能、互联网将深度应用到文旅领域，文化、旅游、教育、科技将加速融合，后疫情时代文旅产业发展趋势对从业人才提出了更高的要求，3.0 版非学历培训模式的构建必须要完成新时代促进文旅产业人才知识和能力更新、迭代的使命。

（二）文献综述

文旅人才，是指在"文化 + 旅游"融合背景下专业型、复合型、创新型的新时代人才。"文化 + 旅游"的双重属性，决定了文旅人才也应当具备双重、多重的素质能力，相关教育机构、院校也要在培训理念、培训模式、实践教学安排等方面进行升级。

1. 文旅产业人才培养模式方面的研究

国外影响较大的模式有"产学研结合"模式、CBE 模式、"双元制"模

式和 TAFE 模式。"产学研"模式,又称"校企合作"模式,即学校通过与企业签订协议,安排学生到企业实习,达到科研、生产、教育三者的协同化;CBE(Competency-Based Education)是一种能力本位教育理念,是以能力为中心的人才培养模式;"双元制"模式,是指"学校+企业"为主体,将学校中学到的理论知识与企业中的实践实训相结合的职业教育模式;TAFE(Technical And Further Education)模式,即建立在终身教育理念基础上的技术与继续教育,是澳大利亚国内通用的职业技术教育模式。上述模式虽表述不同,但基本都是围绕学校和企业、教师和学生为主体,理论知识和实践实训为内容,职业技能和人文教育共同发展,培养能够满足国家需要、市场需求的复合型、应用型、创新型人才。

国内在人才培养和培训模式方面也形成了"订单式"模式、"校企合作"模式、"工学结合"模式等多种旅游人才培养模式。其中,各高职院校应用最多的是校企合作模式,在校企合作模式中,研究者聚焦于学生的综合素质培养、理论与实践结合等方面。

2. 项目式学习(PBL)方面的研究

项目式学习(PBL)最早由著名教育家杜威提出。巴克教育研究所对标准化 PBL 的定义为,一种学生通过一段时间内对真实且复杂的问题进行探究并从中获得知识和技能的教学方法。巴克教育研究所中指出的 PBL 有八要素,即学习目标、挑战性的问题或主题、持续的探究、真实性、学生的意见和选择、反思、批判和修正、公共产品。

以"Project-based Learning Method""Project-based Learning+Tourism"为关键字,在 SSCI 查找搜索,收集梳理后发现:国外对 PBL 旅游管理的研究主要集中在以下方面:PBL 概念与实例、课程教学反馈改进、PBL 在旅游教育中的应用等方面。可以看出,国外学者对 PBL 在旅游上的应用常见于课程活动的教育教学,使学生可以在技能和知识得到发展,获得批判性思维、有效沟通和协作解决问题的能力。

截至 2020 年 12 月，在知网的中文期刊全文数据库搜索"项目学习""项目式学习""基于项目学习"，学位论文有 1 333 篇，学术期刊 14 703 条相关。由此可见，PBL 的研究已经受到广泛的关注。以"项目学习 / 项目式学习 / 基于项目学习 /PBL＋旅游"为关键字，收集梳理后发现：国内以 PBL 应用于旅游领域最早的是 2005 年刘幼平发表的《浅谈 PBL 在旅游专业教学中的运用》，雷明化、崔莹指出，旅游专业知识时效性强，旅游行业的特点决定其发展需要高素质的应用型人才，PBL 教学方法可以培养学生批判思维、组织交流、决策分析等多种技能，将其引入旅游职业教育教学，符合旅游职业教育应用的需要。学者们在 PBL 旅游的研究成果包括理论基础、适用性和使用范围、设计与构建、流程与应用、意义和注意事项等，但关注点集中在学历教育。

综上，人才培养模式和 PBL 的研究及应用更多地反映在学历教育领域，在继续教育领域，特别是非学历培训领域少有类似研究。文旅人才的培养目标定位是应用型人才，应用型人才的取向包括自我学习能力、社会实践能力、创新发展能力。在非学历培训领域，因为在职人员的学习特点和基础知识积累，传统理论授课和灌输式学习效果往往较差，而 PBL 不但可以推动学员在培训中主体地位的确立，而且通过真实问题、真实情境、反思、评估、成果展示，将理论和产业实践有效地融合，能更好地帮助学员解决文旅产业发展中遇到的实际问题。因此，文旅人才培训模式，要从职业教育的发展规律出发，结合文旅从业人员和终身学习的需求，在 PBL 指导下进行科学、系统化的构建。

二、基于 PBL 的"双循环"非学历培训模式的内涵

（一）实践起源

本研究以桂林旅游学院继续教育学院开展的研学旅行人才培训为实践案例。2018 年教育部等 11 部门发布《关于推动中小学生研学旅行的意见》以来，研学旅行受到了社会的广泛关注，逐渐形成了以教育为核心，以文化、旅游、科技、工业、农业为资源的跨学科的庞大领域，受经济驱动和文旅产

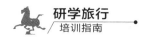

业转型影响，大量非从事文旅和其他领域的从业人员进入研学旅行领域，研学旅行的根本属性是教育，但多数从业人员缺乏教育理念和教育理论的认知和学习，严重影响了研学旅行的发展，导致"游而不学""游而不研"的问题广泛存在。所以，研学旅行的教育性不仅体现在对中小学生的实践教育领域，还体现在对广大从业人员的再教育方面。引入 PBL 的理论工具用于研学旅行从业人员的培训，能很好地解决以上两个问题："如何将开展研究性学习和旅行体验结合在一起的问题""如何解决非教育人士懂得教育思维和教育工具的问题"。

桂林旅游学院继续教育学院从 2019 年以来，连续举办了 14 期研学旅行指导师培训班，培训全国各地学员近 500 人，将 PBL 导入培训，探索形成了"双循环"的人才培训模式，即有效结合成人学员的特点，以参训学员为核心，以解决文化和旅游产业发展实际问题为导向，在真实的项目情景中以小组为单位进行探究性学习，提高教学培训效果，为研学旅行的健康发展提供了智力支持和人才保障，最终建构起具有文旅特色的非学历终身教育体系。

（二）概念和框架

本研究通过需求调查和文献研究，针对上述问题和研学旅行对人才的具体需求，对 PBL 理论的核心元素进行分析，并结合文旅产业人才培训的现状和教学实践经验，构建了 PBL 指导下文旅产业人才培训模式框架，如图 9-2 所示。

该框架分为内外两个循环，内循环主要围绕 PBL 的核心要素和培训流程产生，包括驱动性问题、PBL 课程体系、教学管理模式、多元化评价、学员社区五部分，形成培训前中后闭环体系。外循环包括培训保障化、培训市场化、培训生态化三部分，其中重点是由基地保障、专家保障、课程保障、现场教学保障、评估与持续保障组成的质量保障体系。PBL 指导下非学历培训模式中的内循环为外循环提供培训动力，外循环为内循环提供培训保障，两者相辅相成，互为依托。

图 9-2 基于 PBL 的"双循环"非学历培训模式的框架

1. 内循环

（1）驱动性问题

根据巴克教育所提出的设计驱动性问题的原则，问题应该具有真实性、复杂性、挑战性。PBL 针对的是具有相关职业背景或专业背景的文旅产业从业人员，所以在课程设计时，以产业发展实践中遇到的问题为导向，驱动培训流程和问题解决，有效提升了培训的针对性。

（2）PBL 课程体系

通过提出驱动性问题、理论专题、研讨反思、现场教学、成果考核与展示等环节，充分发挥项目式培训管理模式的创新优势，将大量的实操内容引入培训，确保学员学有所得、学有所获。

（3）教学管理模式

在教学管理模式中，体现"四结合"。一是专家授课和学员自主学习相结合，变单向输入为双向互动，学员实践案例成为专家理论教学的支撑；二是学习实践和培训考核相结合，变被动考核为主动参与，综合运用笔试、项目设计、抖音视频发布及课堂奖励等考核手段；三是线上授课和线下授课相

结合，充分发挥疫情期间开展远程教学的经验，突出远程教育，打造终身学习体系；四是将培训分为"前中后"三阶段，"确定目标，选择资源、组织研讨、评价结果"四个环节，突出重点，打造特色。

（4）多元化评价

多元化评价包括评价主体维度、时间维度和内容维度的多元化。一是合理运用抖音视频、调查问卷、座谈访谈等形式，按主体划分为学员、专家、工作人员等的自评、互评；二是结合课堂考核以时间的维度分为过程中的评价、培训后的反馈；三是将评价内容分为理论知识、实操技能、综合素质三个部分。

（5）学员社区

培训后与学员保持持续联系，跟踪培训效果，提供后续学习服务资源，并通过建立培训校友会等机制为学员搭建起可持续学习、交流、资源共享的学员社区平台。同时，发挥桂林旅游学院继续教育学院开展文旅培训的优势，为研学旅行的学员提供中高级导游资格、电子商务等方面的公益培训，以及成人学历教育服务，突破非学历培训与成人学历教育之间的藩篱。

2. 外循环

桂林旅游学院继续教育学院在自身特有的优势基础上，积极汲取市场活力，打造培训品牌，强化培训质量保障，形成研学旅行培训的生态体系，构造文旅产业人才培训的外部循环系统。

（1）培训保障化

培训保障化为非学历培训的质量保障体系，包括基地保障、专家保障、课程保障、现场教学保障、评估与持续保障五个部分。通过建构非学历质量保障体系，打造可保障、可测量、可跟踪的非学历培训。

（2）培训市场化

培训市场化可以激活市场活力，提升培训品牌的识别度和认可度。包括培训品牌CIS打造，通过抖音、微信等社交媒体进行传播和发起话题，针对研学旅行培训市场推出包含高级证书班、高级研修班、目的地定制班、研学工作坊在内的梯度培训产品体系,打通研学旅行培训上中下游产业链,构造"院校＋政府＋协会＋基地"的联合办学模式。

（3）培训生态化

培训生态化延展了培训空间。充分发挥研学旅行培训的平台功能,推动研学旅行教育、文旅、红色文化、科技出版、现代农业、尖端工业等参与方实现跨领域合作和资源共享。

3.特点和价值

PBL指导下的"双循环"文旅人才培训模式,通过激发学员学习的内生动力,提升学员的主动性;通过学员社区的打造,提高学习过程的持续性;同时通过外部生态保障系统的打造,将非学历培训升级迭代为内外部循环互相融合、互相促进的互动形态,有效提升文旅人才非学历培训的实用性和针对性。

（1）能够满足文旅产业人才跨学科、跨领域的融合性

以PBL为主导的培训模式下跨领域的资源得到整合,各学科的壁垒被打破,可以在更高层次上整合资源、知识,可以多角度地分析问题,多层面地促进文旅产业人才的发展。PBL项目主体的综合性、跨学科性,既能满足文旅产业人才事业发展需要,培养出不断提升自我、超越自我,持续学习的应用型、复合型人才,又能满足文旅产业在新发展阶段的需要,推动文化和旅游产业高质量发展。

（2）能够调动文旅产业人才的内生学习动力

PBL作为一种探究式学习的工具,以现实问题驱动、自主学习、多元评价、持续跟进激发出学员内生的学习动力和学习热情,使其学习的主体性得到进一步的凸显。从培训效果来看,学员学习紧扣现实工作中遇到的疑难问题,通过主动学习探求学习成果,能直接运用学习成果去解决疑难问题,学员从

学习中可以直接获得成就感，学习的内生动力以及对后期培训服务的要求自然较高。

（3）可以有效推动终身学习体系的构建

面向在职人员的终身学习体系的构建，一直是终身学习的重点和难点。难点主要表现在学习的有效性、持续性、主动性等方面，通过 PBL 构建"双循环"非学历培训模式，可以针对现实的驱动性问题，有效整合资源，合理安排并打通培训前、中、后三个环节，学员自主性和学习内在动力得到极大释放，学习效果得到显著提升。特别是针对传统培训不注重后期跟踪的短板，通过构建培训校友会、课程资源分享、学员跟踪等形式建立学员社区，将传统的单向输出升级为新型社群关系。这种机制将有效地推动在职人员学习体系的构建，推动终身学习理念的深入人心。

三、基于 PBL 的"双循环"非学历培训模式的效果分析

为进一步了解该培训模式的实践效果，桂林旅游学院继续教育学院以调查问卷的形式分别对培训期间的效果、培训后的反馈来收集培训学员的感受，并对此作出相应的分析。

（一）学员测评分析

调查分为培训班结束后的课程评估调查和培训结束 2～6 个月后的培训效果评估调查，采用问卷调查形式。课程评估调问卷针对的是参与第四到第十三期研学旅行指导师培训班的所有学员，问卷在培训课程结束后进行。对培训期间效果的调查问卷共发放 300 份，回收 274 份，有效问卷 251 份。培训效果评估调查针对所有接受培训 2～6 个月的学员，共发放 100 份，回收 98 份，有效问卷 95 份。

1.培训课程满意度调研

以 SPSS3.0 分析软件对调查结果进行统计。一是培训期间调查对象的满意度，二是培训 2～6 个月后调查对象的在岗情况。

表 9-1　培训期间对培训课程的满意度

		满意	一般	不满意	总计
培训课程内容设计是否满意	频率	232	18	1	251
	百分比 /%	92.40	7.20	0.40	100.00
对培训班的整体评价	频率	237	14	0	251
	百分比 /%	94.40	5.60	0.00	100.00

根据结果分析我们可以看出，92% 以上的学员认为培训课程内容合理，94% 以上的学员认为培训效果良好，对"双循环"培训模式效果满意。

表 9-2　培训 2 ~ 6 个月后对培训课程的满意度

		是	否	总计
培训后是否从事研学旅行相关工作	频率	86	9	95
	百分比 /%	90.5	9.5	100.00

90.5% 的学员培训后从事研学旅行相关工作，说明培训与学员的研学旅行工作有高度的契合度，培训结合真实问题，以 PBL 为指导的培训模式对实践工作的指导价值较高。

2. 后续培训意愿调研

学员是否有意向参与后续培训，是培训适用性的重要佐证，也是双循环模式中通过"学员社区"开展持续学习的关键指标。关于后续培训意愿，本研究设置了 4 个具体问题。培训期间对调查对象做了"如果有研学旅行指导师提高班是否会参加"的调研，培训 2 ~ 6 个月后对调查对象进行了"后续学习的总体意愿""培训后是否从事研学旅行相关工作""对后续参加培训感兴趣的培训形式""在研学旅行领域还需要学校将来为您提供的课程培训"的调研。

表 9-3　培训期间的后续培训意愿 1

		是	否	总计
如有研学旅行指导师提高班是否会参加	频率	237	14	251
	百分比 /%	94.40	5.60	100.00

表 9-4　培训 2 ~ 6 个月后的后续培训意愿 2

后续希望参加的培训形式	个案数	百分比 /%
专项具体能力的实操工作坊	66	23.30
综合能力提升的高级研修班	60	21.20
论坛或专家研讨活动	42	14.80
在发达地区开展的观摩交流培训	76	26.90
在岗培训	39	13.80
总　计	283	100

表 9-5　培训 2 ~ 6 个月后的后续培训意愿 3

后续希望学校提供的服务	个案数	百分比 /%
开展专项定制的升级版培训	72	27.38
组织与发达地区的资源对接	70	26.62
组织校友会的线上线下交流	58	22.05
邀请专家进行现场指导	63	23.95
总　计	263	100

　　根据表 9-3—表 9-5，可以看出，94.40% 的学员培训后仍有意愿参加后续的提升培训，"双循环"模式围绕"现实问题"和自主学习的课程形式发挥了积极作用，学员自主学习和继续学习的意愿较高。

　　对于今后的课程安排，学员迫切需要组织与发达地区开展观摩交流培训，除此之外，还需要开展专项定制的升级版培训、专项具体能力的实操工作坊、综合能力提升的高级研修班。后续学习形式的调研结果，不但为后续的培训优化提供了具体的指引，也印证了"学员社区"和"培训生态体系"建设的重要性，特别是学员对发达地区先进经验有着强烈的需求，也说明：培训生态体系的建设是一个长期的过程，不但需要本地区不同领域的行业融合，也需要东西部、发达地区与欠发达地区的空间融合。

3. 不同年龄段的学员对所需课程培训的差异

我们还关注到不同年龄段的学员对学习形式有不同的要求，通过运用SPSS软件对研学旅行领域课程形式的调查结果加以选项交叉分组下的频数分析，得出不同年龄段的学员对研学旅行领域所需课程形式的差异如下：18～25岁（75%）、26～35岁（83.78%）年龄段的学员更需要组织与发达地区的资源对接，36～45岁（73.17%）、46～55岁（92.31%）年龄段的学员更加关注开展专项定制的升级版培训。

表9-6 不同年龄段的学员对研学旅行领域所需课程形式的差异

X/Y	开展专项定制的升级版培训/%	组织与发达地区的资源对接/%	组织校友会的线上线下交流/%	邀请专家进行现场指导/%	多渠道提供前沿信息/%	其他请补充/%	问卷数小计/份
18～25岁	50	75	25	50	50	0.00	4
26～35岁	75.68	83.78	62.16	64.86	78.38	8.11	37
36～45岁	73.17	63.41	58.54	65.85	73.17	2.44	41
46～55岁	92.31	76.92	76.92	76.92	69.23	7.69	13

（二）培训效果的社会影响

"双循环"模式的效果还可以从社会影响方面来体现。近年来，桂林旅游学院开展研学旅行及其他文旅培训在行业中具有良好的社会影响：2020年

获批国家级专业技术人员继续教育基地；2020 年底中国旅行社协会发布第三届中国旅行社协会行业榜单（抗疫专题），荣登"履行社会责任榜样"榜单，是荣登榜单的唯一一所高等院校；2021 年初被评为 2020 年广西中小学研学实践教育工作先进单位，是广西唯一获得此荣誉的高校。2020 年先后策划、举办了首届研学旅行教育发展论坛和首届文旅人才培训论坛，并在论坛上发布了我校的"双循环"培训模式，引起了媒体的广泛关注。学习强国、中国日报英文版、中国旅游报、广西新闻网、桂林日报等媒体的对上述论坛进行了密集报道。中国旅游新闻还以"桂林旅游学院服务社会有担当"为题专题报道了继续教育学院开展的培训工作。

（三）存在的问题

1. 内循环 PBL 课程体系有待进一步深化

从表 9-4 可以看出，学员需要开展专项具体能力的实操工作坊达到 23.3%、综合能力提升的高级研修班达到 21.2%，说明目前的内循环 PBL 课程体系建设仍存在实操性不够、综合能力提升不突出的问题，有待进一步深化。

2. 内循环"学员社区"的构建有待进一步精准

根据问卷调查结果显示，18～25 岁、26～35 岁年龄段的学员更需要组织与发达地区的资源对接，36～45 岁、46～55 岁年龄段的学员更加关注开展专项定制的升级版培训，不同年龄段的学员对研学旅行领域所需课程形式存在差异，但是设计课程时并没有考虑到年龄因素，目前也没有针对不同年龄段开设的课程。

3. 外循环"生态体系"建设有待进一步扩展

培训生态体系的建设是一个长期的过程，不但需要本地区不同领域的行业融合，也需要东西部、发达地区与欠发达地区的空间融合。基于此，非学历培训可以向非发达地区与发达地区空间融合模式、培训要素资源融合模式以及行业生态融合模式发展。

四、基于 PBL 的"双循环"非学历培训模式的优化建议

（一）增强"双循环"模式的整体性和系统性

"双循环"非学历培训模式是在实践中形成的操作模式，包含了内部运作机制和外部保障体系，要进一步挖掘模式内涵，探索和提升该模式的整体性和系统性，做好系统各组成部分之间的有效衔接。从内循环的驱动性问题到学员社区、外循环的培训保障化到培训生态化，教学与评价等都要形成互动、延续、相互关联的关系，发挥闭环机制的良性作用，渐次地、递增地实现培训目的。

（二）增强 PBL 课程的开发与实践

PBL 是构成"双循环"模式的理论视角和理论工具，目前针对非学历培训方面的 PBL 仍有较多不足，要结合 PBL 的要求和文旅行业发展实践的持续探索，开发更完善、更深层次、更高阶段的课程。

一是继续提高培训的实操性。从调研可以看出，学员对开展专项具体能力的实操工作坊、综合能力提升的高级研修班需求较高，说明培训的实操性还没有达到设计预期，要在培训合理的周期和框架内，将课程升华为以真实项目贯穿的各个子目标，通过项目设计、项目组织、项目实施、课程评价和质量保障等环节设计，不断提升培训的实操性。

二是打造进阶式培训课程。从学员的后续培训需求来看，学员通过"双循环"培训模式的学习，自主学习能力和学习的内生动力进一步被挖掘，对未来学习的内容和形式方面的需求不断增加，需要在课程设计方面不断优化，打造进阶式的培训课程，形成进阶式的培训体系。

三是增强多种教育教学方法的融合性。探索"PBL+ 行动学习""PBL+沙盘课程"等，将行动学习的理念、工具引入 PBL 课程设计中，特别是学员研讨环节，不断丰富"双循环"非学历培训模式的教学理念、方法和工具。

（三）打造精准化、持续性的学员社区

学员社区的构建是"双循环"非学历培训模式的重要突破，通过学员社区，

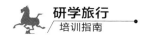
教与学之间的关系可以在不同的时间、空间维度继续延续，为终身学习体系的构建打下良好的基础。

①增加学员社区的培训产品供给。学员社区的黏性、效果和可持续性，很大程度上取决于社区后续学习产品的投放。需要根据学员的不同特点以及需求对培训内容进行多样化的呈现。做好培训对象分析，将学员的性别、年龄、文化程度、职业、工作经验、思维方式等作为打造学员社区的重要维度，生成不同形式的培训产品，再根据学员学习的特点，通过不同方式呈现给学员，供不同特点的学员学习交流。

②增加学员社区互动交流的多样性。线上和线下相结合，线上以远程学习、碎片化学习和交流为主，线下通过举办学习论坛、优秀学员案例征集、实地走访、组织现场观摩等多种方式，从学员中遴选优秀代表作为学员讲师，开展传帮带，从而实现多元化、个性化、可持续、良好互助、共同进步的学员社区。

（四）大力拓展培训生态边界

非学历培训的参与范围很广，"双循环"模式通过构建培训生态将主办方、承办方、参与方、培训学员多主体进行有效融合，开展资源对接，为学员提供了更加开阔的产业视野和工作平台。在这方面，要不断拓展培训生态的边界，包括培训生态的时间边界、空间边界、产业边界，将培训平台转化为终身学习和产业合作的平台，延展非学历培训对文旅产业发展的动能和空间，成为文旅产业高质量发展的重要支撑。

案例二　研学旅行课程方案案例

研学旅行课程方案案例
——千年侗寨　非遗瑰宝

一、课程名称

千年侗寨　非遗瑰宝

二、课程设计人

吴东炽　周晓娜　黄婉霞

三、研学地点

柳州三江

四、课程目标

（一）价值体认

在真实情境中感受三江侗族文化特点，提升对少数民族文化的认同，增进民族团结，坚定民族文化自信，深化构建人类命运共同体的世界观。

（二）责任担当

学生通过研学活动，树立非遗传承的担当意识，培养社会责任感，增强爱家乡、爱祖国、爱传统文化的情怀。

（三）问题解决

通过体验探究法，学生学会提出问题、分析问题和解决问题的思维方式，提升评价、分析、创造等高阶思维能力。通过旅行生活体验，培养文明旅游意识，养成文明旅游行为习惯。在小组合作中，学会分工协作，增强团队合作意识，提高人际沟通交往能力。

（四）创意物化

通过实地感知侗族木构建筑营造技艺的历史文化、工艺技艺，学会搭建

木构建筑模型。通过小组合作、自主探究，完成侗族建筑的电子相册制作，手绘侗族村寨平面图。通过研习侗族农民画绘制技艺，激发想象力，自由创作画作，能够区分侗族绘画与传统绘画的不同之处。

五、研学链接

①人教版道德与法治四年级下册《我们当地的风俗》、道德与法治五年级上册《中华民族一家亲》；

②广西科技出版社综合实践活动《实践与探究》四年级上册《研学旅行》、四年级下册《美丽壮乡》、六年级上册《传统民居》、六年级下册《有趣的方言》；

③西师大版音乐三年级下册《侗歌声声赛金蝉》《侗族大歌》。

六、研学内容

研学环节	学习任务	学习时间/小时	研学场景	学习方式	设计意图
访侗寨	走访侗族村寨，观察侗族建筑，入户走访调研。	2.5	侗寨	项目式学习体验式学习探究式学习	了解侗族村寨概况，完成电子相册，手绘村寨平面图。深入侗族人民生活场景，提出自己感兴趣的研究问题并主动探索。
研木构	学习侗族木构建筑营造技艺。	2	鼓楼	体验式学习	认识侗族木构建筑营造工具和墨师文，搭建侗族木构建筑模型，流利阐述搭建木构模型的流程步骤。
学侗戏	学侗语，听侗戏，练戏曲。	1	戏台	体验式学习	感受侗族传统民间艺术，树立非遗传承意识。

续表

研学环节	学习任务	学习时间/小时	研学场景	学习方式	设计意图
创侗画	欣赏农民画，创作农民画。	2	风雨桥	项目式学习	创作画作，理解侗族精神寄托，提升审美情趣。
品侗食	学习打油茶、品油茶。	2	油茶馆	体验式学习	品悟侗族美食特色，感受侗族传统饮食习俗。

七、研学重难点

（一）访侗寨

深入侗族村寨，观察侗族建筑，入户走访调研。

（二）研木构

通过实地感知侗族木构建筑营造技艺的历史文化、工艺技艺，学会搭建木构建筑模型。

八、研学教具

①《千年侗寨非遗瑰宝研学旅行手册》；

②手绘地图图纸；

③马克笔、水性笔；

④侗族木构建筑营造工具；

⑤墨师文样本；

⑥侗族木构建筑模型；

⑦农民画作品；

⑧农民画画纸；

⑨侗族油茶。

九、研学方法

情境体验法、讲授法等。

十、研学方式

项目式学习、考察探究、体验式学习、合作式学习、设计制作、互动式学习。

十一、研学过程

（一）第一步　研学前

任务名称	实施过程	学习工具	目标及意义
学前导入	自主查阅相关资料，学习、观看三江非遗相关视频，激发探究兴趣。	书籍、电脑	1. 通过查找三江侗族非遗文化资料，了解三江侗族风情； 2. 培养小组活动意识，认识研学伙伴，建立主动学习的机制。
研学分组	破冰游戏＋自我介绍＋分组		
安全教育	安全宣读，安全演练： 1. 穿好研学服，佩戴领巾； 2. 出行要听从指挥，组员间相互照顾； 3. 学习乘车礼仪； 4. 带好研学记录工具（笔、纸、手机或相机、雨伞等）。	研学安全预案、研学手册	
研学调查	发放研学主题问卷，了解学生知识储备。	问卷	

（二）第二步　研学中

学生活动	导师活动	学习场景
主题一：旅行启程　研学导学		
1. 乘车，践行文明旅游。 2. 阅读研学手册，明确研学任务。	1. 让学生明确研学主题和研学活动范围，强调研学过程中的文明举止； 2. 带领学生了解侗族风俗，并引导学生尊重侗族习俗； 3. 调整学生状态，为研学旅行的开展做积极动员； 4. 点评行车中学生的表现，并提出建议。	旅游巴士

学生活动	导师活动	学习场景
主题二：走侗寨		
1. 前往程阳风雨桥学习木构建筑基本知识，并适时记录； （1）了解程阳八寨的基本布局； （2）观察、比较各个村寨的异同点； 2. 各小组从不同角度提出感兴趣、可操作、有价值的研究问题，随时记录拍照，填写研学单。	1. 强调研学纪律； 2. 导师相机互动讲解，学生可随时提问，提供安全保障； 3. 引导走访调研、侗族木构建筑营造技艺体验活动开展，介绍非遗传承人。 4. 活动小结。	程阳侗族八寨
主题三：研木构		
1. 学习侗族木构建筑营造技艺 （1）了解鼓楼基本知识 （2）学习木构建筑搭建技艺 ①认识木工材料； ②认识木工工具，分小组体验。 2. 体验搭建模型 （1）搭建木构建筑模型 ①自主提炼搭建的规律和方法； ②思考搭建方法和技巧； ③小组搭建模型。 （2）模型展评	1. 知识讲授； 2. 组织搭建木构建筑模型实训活动； 3. 现场指导实训活动。	鼓楼
主题四：访民居		
1. 整队集合，各学习小组用导师派发的50元钱购买走访调研小礼品； 2. 各学习小组在导师指导下走访侗族农户。	1. 说明任务，分派走访侗族农户信息； 2. 安全管理。	民居
主题五：交流分享　巩固强化		
1. 各小组交流分享当天的收获； 2. 各小组派代表就讨论结果分享交流； 3. 分工制作电子相册，手绘寨子平面图； 4. 各小组展示成果，互相点评。	1. 组织活动开展； 2. 观察各小组交流并相机指导； 3. 导师评价成果，并给予星级评价，小结。	会议室

续表

学生活动	导师活动	学习场景
主题六：创侗画		
1. 学习侗族农民画： 观察画作，猜测制作材料和创作来源； 倾听侗族农民画的历史发展和文化寓意。 2. 学习制作； 3. 想象绘制，小组自评后，摆台展出。	1. 强调研学纪律； 2. 组织活动开展，相机互动讲解，学生可随时提问，提供安全保障。	风雨桥
主题七：学侗戏		
1. 欣赏侗家班唱戏； 2. 分小组学习； 3. 小组合作侗戏展演。	1. 教说侗语； 2. 侗戏表演示范； 3. 指导学生练唱侗戏。	戏台
主题八：品侗食		
1. 认识油茶。了解油茶的制作材料及制作步骤。 2. 动手体验打油茶。	组织活动开展	油茶馆
主题九：研学汇报会		
1. 研学总结汇报： 针对本次研学旅行的收获、不足等方面进行经验交流。 2. 作品展评： （1）展示成果 + 组员自评、互评； （2）聆听总结。 3. 乘车返程，旅行生活分享。	1. 评价学生作品，收集成果。 2. 指导学生从多角度进行反思和总结。	芦笙坪 旅游巴士

（三）第三步　研学后

任务名称	学生活动	导师活动	设计意图
研学总结	1. 填写研学后调查表，提出研学建议； 2. 按时安全返家。	1. 发放研学后调查问卷表，自由交流； 2. 与家长反馈活动效果，展示学生研学成果。	反思研学效果，评估方案执行情况。

十二、研学评价

（一）电子相册、手绘地图评价表

成果名称	具体内容	等级		
电子相册	1. 图片内容具体明确，无杂质	一般☆	较好☆☆	优秀☆☆☆
	2. 图片排列有序	一般☆	较好☆☆	优秀☆☆☆
	3. 能够使用初页、美篇等 App 编辑	一般☆	较好☆☆	优秀☆☆☆
	4. 电子相册有主题，题目有亮点	一般☆	较好☆☆	优秀☆☆☆
	5. 图文相衬，提炼侗族建筑特点	一般☆	较好☆☆	优秀☆☆☆
	总评	共　　个☆		
寨子平面地图	1. 有明确的村寨路线，方向正确	一般☆	较好☆☆	优秀☆☆☆
	2. 有地标小配图	一般☆	较好☆☆	优秀☆☆☆
	3. 能够给地图上色，颜色鲜艳	一般☆	较好☆☆	优秀☆☆☆
	4. 有比例尺	一般☆	较好☆☆	优秀☆☆☆
	5. 画出村寨细节	一般☆	较好☆☆	优秀☆☆☆
	总评	共　　个☆		

（二）搭建鼓楼模型评价表

角度	具体表现	等级		
外形	模型端正无歪斜，无缺角	一般☆	较好☆☆	优秀☆☆☆
结构	建筑模型零件摆放对称	一般☆	较好☆☆	优秀☆☆☆
穿孔	小木棍穿孔正确，无错乱	一般☆	较好☆☆	优秀☆☆☆
锯痕	会用磨砂磨平小木棍的锯痕，无尖齿	一般☆	较好☆☆	优秀☆☆☆
材料剩余	无特殊情况，材料刚好用完	一般☆	较好☆☆	优秀☆☆☆
总评	具体表现：	共　　个☆		

（三）三江农民画评价表

角度	具体表现	等级
主题	积极向上，能体现侗族文化特征	一般☆　较好☆☆　优秀☆☆☆
构图	布局合理，内容丰富	一般☆　较好☆☆　优秀☆☆☆
色彩	大面积涂色，色彩鲜明艳丽	一般☆　较好☆☆　优秀☆☆☆
寓意	展现侗族元素，寓意美好	一般☆　较好☆☆　优秀☆☆☆
总评	具体表现：	共　　个☆

十三、研学反思

青襟研学 2018 年 11 月策划、承接柳州市柳石路第二小学六年级 5 个班 245 名学生参与的"我做非遗小传人——侗族木构建筑营造技艺研学"活动，在柳州市率先开启非遗研学。至今，已实现单个主题系列课程累计组织接待柳州市 8 所中小学 3 000 多名师生参与，获得学校、家长广泛赞誉，引起柳州市电视台《尚学堂》教育专栏的关注，多次到活动现场采访和报道研学师生新闻。

青襟研学非遗传承系列得到世界广西妇女联谊总会的认可，2019 年 5 月接待了该会来自逾 10 个国家和地区的 60 名会员。同年 8 月又成功组织接待了 14 名来自菲律宾穆汀鲁帕城市大学的非遗研学班学员。《千年侗寨　非遗瑰宝》研学课程伴随广西侨联的"三月三·乡音播全球"活动让侗族文化走出国门，成功架起中外文化交流的纽带。

（一）课程特色

1. 课程化

我们坚持研学旅行是由教育部门和学校有计划地组织安排的校外教育活动，明确研学旅行课程性质，与综合实践活动课程统筹考虑，与学校课程、校园文化建设有机融合。

2. 地域化

根据学段特点和地域特色，开发设计小学阶段以乡土、乡情为主的研学旅行课程体系。

3. 专题化

聚焦侗族非物质文化遗产的研学，可激发学生树立非遗保护和传承的使命感，养成自觉弘扬中华优秀传统文化的社会责任担当。

4. 规范化

旅行服务过程中，严格遵循《研学旅行服务规范》（LB/T 054—2016）等旅游行业标准。

（二）亮点

本课程从坚定文化自信的立场传承弘扬中华优秀传统文化，组织学生走进民族传统文化"现场"，让学生更加真切地感受中华文化的源远流长、博大精深，从而激发学生对民族文化由衷的崇敬之心、敬畏之情、践行之志。

注重创新精神和实践能力的培养。PBL 有助于学生动手动脑、发现问题、研究问题，进而培养他们的创新精神和实践能力。

突出文明旅游教育。课程的设计，"学""游"融合；活动的策划，注重内涵打造。既有"研学"，又有"旅行"，文明旅游教育贯穿始终，从小培养学生文明旅游意识，养成文明旅游行为习惯。

（三）创新点

PBL 学习模式更加关注关键项目的精心设计，使"研学旅行"活动更精彩、更富有艺术感并能够增加学生的新观念。非遗教育在基础教育领域的实践创新，以非遗研学为核心，创新和丰富基础教育内容，推动"基础教育＋非遗传承"的融合发展。

（四）改进及完善点

1. 提升研学导师课程实施水平

审视课程实施现状，课程内容十分丰富，但是落实环节，由于导师自身的知识储备和能力不同，作为"调剂"作用的关键点，做出的研学实施效果也是不一样的。研学导师不仅要具备导游能力，更要具备教师的引导能力。

研学实践教育的初心和本质是发挥实践育人功能。研学导师要不断更新理念，借助国际研学旅行的基本模式、教育理念、研学价值，进入"可见的学习"。让研学实践真实地发生，要经由点到面的"网状"学习，沉浸式学习和素养表现型学习，使研学实践变成"看得见的学习"。也要通过动作、逻辑让思维发生，更需要经过文化体认、文化体验、文化体悟、文化自信让文化浸润。再在其中投入情感、意志，育德育心让生命灵动，让研学实践真正有所收获。

2. 丰富研学旅行课程评价方式

本课程针对不同研学环节设计了有层次、有维度的评价体系，但若要把第一次课程实施作为台阶提升，可以从两方面评价进行改善，即量化评价和质化评价。

量化评价是把复杂的教育现象和课程现象简化为数量。量化评价通常以分数呈现评价结果，评价设定最高上限分值，参与评价者根据不同指标勾选。以下为全方位综合评价表，可从学生、家长、校方等不同层面对承办方进行评价。

质化评价是指通过自然调查，充分揭示和描述评价对象的各种特质的评价方法。对学生的评价主体一般是研学旅行指导师、学校教师、学生，研学旅行指导师对学生的评价主要采取行为表现评价法，对学生在活动中执行课程任务的独立性、探索意愿、任务完成情况及交流分享的主动性等方面进行评价，包括时间观念、环保意识、就餐秩序、研习秩序、参访秩序、合作能力等方面进行现象评价。学生通过自评及小组成员评价，对自己在活动课程中获得的知识、方法，以及由此产生的新的内化认知进行评价。

案例三　研学旅行手册编写案例

一、关于《研学旅行手册》

（一）《研学旅行手册》具备的六大功能

1.《研学旅行手册》是课程的载体

《研学旅行手册》是研学旅行课程的具体体现。研学课程设计决定《研学旅行手册》的内容和形式，所以，《研学旅行手册》编写必须完全对应研学课程，必须符合研学旅行和国家课程标准的基本要求。

2.《研学旅行手册》是研学活动开展的指挥棒

3.《研学旅行手册》提升研学旅行效率

《研学旅行手册》清晰地规定了研学的内容和研学途径，具体研什么、怎么研，能有效地指导研学活动的有序开展，进而提升整个研学活动效率。

4.《研学旅行手册》是成果展示和分享的凭证

5.《研学旅行手册》是检测评估研学效果的依据

"学了什么？学到了什么？"《研学旅行手册》让研学成果可视、可测、可评，打破社会对研学"游而不学"的误解。

6.《研学旅行手册》是宣传阵地

《研学旅行手册》不是广告宣传册。研学旅行是突破传统教学的创新形式，适当利用版面宣传研学政策，相关教育理念，研学旅行课程，基地（机构）文化也是必要的。

（二）编写《研学旅行手册》的七项基本要求

1.必须遵守国家教育方针、课程标准

很多单位和个人忽视甚至鄙视对"大道理"的学习和理解，这无疑是错误的。

中小学研学旅行已定性为"校外教育活动"，所以，遵守国家教育方针是每一个教育工作者必须坚守的政治立场，立德树人、坚定"四个自信"。

遵守基础教育改革课程标准是专业问题。纲举目张，教育方针和课程标准对课程设计和手册编写都具有很强的指导性，能够渗透到研学活动的每一细节。

（1）教育方针

1995 年颁行的《中华人民共和国教育法》第五条规定，我国现阶段的教育方针是："教育必须为社会主义现代化建设服务，必须与生产劳动相结合，培养德、智、体等方面全面发展的社会主义事业的建设者和接班人。"

新时期党的教育方针是：坚持教育为社会主义现代化建设服务、为人民服务，把立德、树人作为教育的根本任务，全面实施素质教育，培养德智体美全面发展的社会主义建设者和接班人，努力办好人民满意的教育。

（2）基础教育课程改革六大目标

全面贯彻党的教育方针，调整和改革基础教育的课程体系、结构、内容，构建符合素质教育要求的新的基础教育课程体系。新一轮基础教育课程改革的总体框架如下：

①实现课程功能的转变。

②体现课程结构的均衡性、综合性和选择性。

③密切课程内容与生活、时代的联系。

④改善学生的学习方式。

⑤建立与素质教育理念相一致的评价与考试制度。

⑥实行三级课程管理制度（地方特色课程、校本课程）。

2. 遵守研学旅行四大原则

①教育性原则；

②实践性原则；

③安全性原则；

④公益性原则。

以上原则在《关于推进中小学生研学旅行的实施意见》中已有详尽的叙述，在此不再赘述。

3.**充分体现研学旅行课程设计五大特点**

（1）趣味性：爱因斯坦说过："兴趣是最好的老师。"就是说一个人对某事物有了浓厚的兴趣，就会主动去求知、去探索、去实践，并在此过程中产生愉快的情绪和体验。

（2）体验性：通过动手参与，置身其中，给感官或者心理带来快乐和自信的感受。

（3）自主性：以学生为主体，有独立自主的思维、行为和表达空间。

（4）探究性：能发现问题、解决问题，并正确地交流、分享。

（5）互动性：师生之间、同学之间行为积极配合，信息相互交换，个人与集体思想产生火花，智慧相互融合。

上述五大特点不是孤立的，而是统一融合、相互影响的，应贯穿整个研学旅行活动始终。

4.**研学旅行手册内容必须对应研学资源、课程设计**

研学旅行资源、课程设计、研学旅行手册的编写必须高度对应统一，才能有效有序地开展研学旅行活动，才能正常发挥研学旅行手册的功能。

5.**研学方式与方法必须适应学情**

不同学段、不同区域的学情（认知水平、学习能力）是不一致的，课程设计和编写研学旅行手册涉及的研学目标和方式方法不能千篇一律，必须随学情变化调整，研学旅行手册必须注明适用的年级，适合才会激发学生主动探究的激情。

6.**体现"以学生为中心"，充分预留学生展示和分享成果的版面**

7.**编写图文并茂、编排直观、美观**

（三）**研学旅行手册的内容**

研学旅行手册主要包括以下四个板块：①研学旅行课程说明；②学生研学、导学三部曲；③评价与总结；④附录（包括研学政策、研学课程、学校、机构、基地文化推广、学生研学旅行花絮）。

1.研学旅行课程说明的具体内容

（1）研学类型：人文历史、自然地理、科技体验、民俗风情。

（2）研学主题：要求立意高远、启迪深刻、思想明确。

（3）研学背景：社会生活、历史事件、时政热点引发研学的动机，而不是对研学资源的介绍。

【案例】

《广州记忆·永庆坊》研学背景：2018年10月24日习近平总书记视察广州西关历史文化街区永庆坊，沿街察看旧城改造、历史文化建筑修缮保护。他强调："我们要注重文明传承，文化延续，让城市留下记忆，让人们记住乡愁。"（以时政热点为研学背景）

（4）研学理念：教育理念、生活理念……

【案例】

《石拱桥　劳动人民智慧的结晶——英德小赵州桥研学》研学理念：结合课文，充分利用PBL的教学方法，发挥乡土乡情"一方水土养一方人、育一方人"的功能。激发学生在日常生活中探究的激情和方法，提升将感性认识转化为理性认识的能力。

（5）研学目标：

研学目标编写的方式和基本内容如下：

①三维目标：知识和技能，过程与方法，情感、态度与价值观。

②核心素养目标：

三个核心：文化基础、自主发展、社会参与。

六个方面：人文底蕴、科学精神、学会学习、健康生活、责任担当、实践创新。

③综合实践课程目标：价值体认、责任担当、问题解决、创意物化。

《5G赋能·秒变植物达人》适合小学三年级以上学生

知识与技能	1. 了解大自然中岭南植物的多样性和生长特点及其价值。 2. 充分利用"互联网+""智能+"技术进行资料查找、学习探究。

续表

过程与方法	1. 创设实情实景的学习环境，培养到大自然中探究的激情。 2. 小组合作探究，利用自媒体充分展示、分享。
情感、态度与价值观	1. 培养学生热爱自然、热爱生活的思想情感。 2. 激发学生探究科学文化的热情。感受生态建设给我们带来的美好生活环境。 3. 加强团队合作的意识。

（6）相关课文链接

《广州记忆·永庆坊》相关课文链接

年级	学科	课文
三年级	美术上册第一单元	走进传统民居
六年级	美术上册第五单元	走进传统戏曲人物
七年级	美术下册第一单元	中国世界遗产之美
	音乐上册第五单元	梨园奇葩——粤剧
八年级	语文上册综合性学习	身边的文化遗产
	地理下册第七章	南方地区
九年级	道德与法治上册第三单元	守望精神家园

（7）研学基地简介：图文结合介绍基地特色，与研学相关的场馆、功能。

图9-3 李小龙祖居

图9-4 詹天佑故居

（8）研学课程安排：行程、活动、目标（时间、地点、程序）。

要求：人员分工明确、重点突出、时间合理、活动安全有序。

《广州记忆·永庆坊》研学课程安排

时间	地点	活动安排和具体目标
8：30—9：00	出发	强调研学纪律、讲解研学课程、明确研学任务
9：00—10：00	走进恩宁路	1. 感受骑楼特色 2. 走进老字号（打铜、三雕一绣一彩）店铺 3. 参观詹天佑故居
10：00—10：30	永庆坊	1. 李小龙祖居感受西关大屋的建筑结构特点，深度了解李小龙在武术界的成就。 2. 感受时代变迁：岁月邮局、活字印刷。

2. 学生研学、导学三部曲编写内容

学生研学、导学三部曲编写内容

行前独立研学	研学活动现场	行后深度研学
1. 提供的信息 　扫码阅读或观看 2. 收集的信息 　关键词搜索 3. 生成的问题 　我的期望	1. 研学资源中知识的呈现与传递：阅读、填空、选择、问答 2. 研学问题的探讨：小组合作、相互PK 3. 参与体验的项目：制作、表演、与专业人士互动 4. 集体活动：艺术活动、德育仪式 5. 分享与激励 6. 随行记录	知识延伸 能力拓展 主题班会 成果展示

【案例】

《广州记忆·永庆坊》（节选）

一、行前独立研学："我有搜集处理信息、获取新知识的习惯和能力"

1. 亲子互动。观看视频、阅读报道，深度了解永庆坊。

2. 百度关键词：如粤剧、李小龙、打铜、骑楼、詹天佑……

搜索关键词	相关摘要

3. 我对本次研学充满以下期待：

_____

_____（出发途中检测预习、抢答有奖）

二、研学现场："研学！我能行！我快乐！"

1. "永庆坊"这个地名的寓意是：_____

_____

2. 骑楼是一种近代商住建筑，建筑物底层沿街面后退且留出公共人行空间。这种欧陆建筑与东南亚地域特点相结合的风格在 19 世纪初东南亚十分风靡，也是我国福建、广东、海南、广西等沿海侨乡城镇特有的南洋风情建筑。

骑楼的主要特点和优势：_____

3. 2013 年西关打铜工艺入选省级"非物质文化遗产"，成为老广州的文化名片，是西关民俗文化之一。自春秋以降，明清时期西关铜艺达到鼎盛时期。这些无焊接、纯靠手艺打制的西关铜器曾是海上丝绸之路的傲人作品。使用铜器是身份与地位的象征。进入店铺，认识铜制商品：名称、种类、功能，还可操锤锻打体验。与"打铜"艺人面对面探讨非物质文化遗产传承和保护的意义，铜器作为生活用品的特点，小组讨论后完成下表。

名称	优势	缺点	损坏后垃圾分类
铜器			
铁器	经摔耐用，易锻造，成本适中	易锈蚀	可回收物
塑料			
陶器			

2019 年，国家有关部委决定在全国地级及以上城市全面启动生活垃圾分类工作，并将生活垃圾分为四类：可回收物、有害垃圾、干垃圾和湿垃圾。

【设计思路】

对广东省级非遗——打铜（铜制日常生活用品）研学，通过生活用品的横向对比更加了解铜制品具有经久耐用、可回收再利用的特点，与中学生的生活经历和认知水平匹配，也策应配合了城市垃圾分类的教育活动。

4. 2009 年 9 月 30 日粤剧获联合国教科文组织肯定，列入世界非物质文化遗产名录。

①中国戏曲中人物角色的行当按传统分为：生、旦、净、末、丑五类。

生：素脸男角，又分小生、老生、武生。

旦：女角，分 花旦、老旦、青衣、刀马旦。

净：花脸。

丑、末：多为中年以上的男性。

A：我最喜欢_____角色。

B：我认为我可能适合表演_____角色。

②红船的功能：_____

_____

③"一起嗨！"博物馆小剧场和老戏骨体验"粤剧"。

5. 议一议：为什么詹天佑被誉为中国"铁路之父"？

_____

2004年广州市荔湾区人民政府决定重修十二甫詹天佑故居，同时修建詹天佑故居纪念馆，让这片曾走出过伟人的土地，展示伟人昔日的风采，我认为有以下现实意义：

_____

_____

6. 我的随行记录

研学地点	所见、所闻、所思……

7. 我的写生作品《永庆坊》，现场评比有奖！（自备写生工具）

8. 比一比，找感觉：珠江新城和永庆坊各有什么特色？小组讨论并做好记录。

地点	特色（请用关键词句描述）
珠江新城	
永庆坊	
我们为永庆坊创作宣传广告词：	

【设计思路】

既然主题是《老广州的记忆》就一定要有新与旧的横向比较和拓展。两地都是地标性建筑，特色鲜明，同学们都有熟悉基础。有效感知传承与创新的有机统一。

三、深度研学："我的研学无止境！"

1. 作文欣赏：略

2.写作：今天我来了，也表达一下我不一样的感觉和她"网红"的理由！
（题目自拟）

_____

_____

_____

_____

3.搜索相关资讯，结合《老广州的乡愁》永庆坊研学活动，开展"城市改造与历史文化的利用和传承"的主题班会或者辩论会，尽情表达自己的观点。

提示：有人说"旧城改造中，历史文化古迹遗址妨碍了统一规划，没有经济效益。"也有人说"每个城市都有自己的历史文化遗址，记录了城市个性的发展和演变，是城市不可再生的宝贵资源，更是城市竞争优势的关键因素之一。"

班会主题				
活动目的				
时间		班级		主持人
活动过程记录				
活动总结				

【设计思路】

研学目标明确指出：理解改造与保护的关系，是重点也是难点，拓展了研学深度，利用常规主题班会突破重点难点，理解改造与传承的统一，实现个人与集体智慧的结合。

（三）评价与总结

评价一直是教育的痛点，众说纷纭，莫衷一是，研学评价同样如此，鉴于研学活动的综合性，评价的内容和方式，不可能统一，也不必统一，评价还要结合具体的研学资源、课程设计、活动内容的特点，不能"一刀切"。不可忽视对研学过程的评价，提倡等级评估。

研学活动评价表

项目	评价内容	自评	组评	师评
参与态度	1. 认真参加每一项学习，对每一项学习始终保持浓厚的参与兴趣。			
	2. 能积极主动地学习和思考，并参与他人的探讨、分享。			
	3. 认真完成自己的研学任务。			
协作精神	4. 能积极配合小组开展活动，服从协作安排。			
	5. 能积极地与组内成员交互讨论，能精准、清晰地表达个人看法，尊重他人的意见和成果。			
	6. 在小组研学过程中起到了引领作用。			
创新实践	7. 有浓厚的好奇心和探索欲望。			
	8. 小组遇到问题时能提出合理的解决方法。			
	9. 活动中，能发挥个性特长，施展才能。			
能力提高	10. 活动中具有运用多种渠道收集信息的能力。			
	11. 在活动中遇到问题时能勇敢面对，不退缩并提倡自己想办法解决。			
	12. 在研学过程中，具有与他人交往的能力。			

续表

项目	评价内容	自评	组评	师评
自我体会	感受和收获：			
	更好的建议：			

等级评价：优、良、中、差

（四）编写研学手册的九道程序

①研学资源的梳理和挖掘。

②学科知识的发现与整理。

③确定研学特色、主题、目标。

④明确重点、难点和突破的方式、方法。

⑤研学问题和活动的设计。

⑥手册的编写、审核、校对。

⑦执行导师培训：课程理解、导学演练。

⑧小规模研学团实操演练，总结反思。

⑨纠错纠偏、完善完美、终审定稿。

（五）研学手册编写乱象

①把基地广告、行程安排、活动说明当作研学手册。挂羊头卖狗肉。

②把简单的练习册当作研学手册，不能发挥手册应有的功能。麻雀抬轿子——担当不起。

③牛头不对马嘴，文不对题，瞎拼凑文。

④闭门造车，无操作性。聋子的耳朵——摆设。

二、《广州地铁博物馆研学》分层设计和手册编写案例

同一研学资源，面对不同学段的学生，研学课程设计的目标和探究的方式方法是不同的，研学手册编写的内容和形式必须与学情、目标相对应，才能适应学生。

《广州地铁博物馆一日研学》，分3—6年级、7—9年级两个学段设计，现在分别对地铁博物馆研学的课程说明、导学案的共同点和不同点逐一进行剖析分享。

图9-5　广州地铁博物馆研学

主题：穿越时空隧道——解密科技与地铁、地铁与生活

（一）研学背景

①地铁是国际化大都市的主要标志，是城市的名片，地铁文明潜移默化地提升着城市的品质和市民的品位。

②地铁意味着用最简单、最快捷、最环保的方式出行，改变的不仅是出行方式，更是生活方式。

③每位市民都是地铁文明的分享者和创造者，作为身处其中的中小学生有必要深入理解地铁的内涵（结构、建造、科技成分），提升自我，促进成长。

（二）研学理念

利用地铁博物馆对熟知的日常生活进行研学。通过观察、体验、思考，将感性认识上升为理性认识，使学生认识到生活处处有学问。

（三）研学目标

3—6 年级研学目标

知识与技能	通过主题场馆初步认识地铁文化元素以及城市的发展和生活的变化。了解地铁给市民生活带来的便利，和文明乘坐的规则。
过程与方法	结合日常生活实际，学会观察，思考问题。参观、听讲解、独立思考和小组探究相结合。
情感、道德、价值观	从小养成文明乘车的良好习惯。培养学生热爱生活、热爱社会、热爱科技的思想情感。

7—9 年级研学目标

知识与技能	认识地铁文化元素以及给城市的发展和生活带来的变化。通过观察与思考，了解盾构机结构和工作原理以及隧道建设中的难题。养成认真观察，深入探究问题的良好习惯，学会数据分析，准确表述。
过程与方法	通过主题场馆的展示和体验，加强对知识点的认识。参观展览、听讲解、独立思考和小组探究相结合。
情感、道德、价值观	培养学生热爱生活、热爱社会、热爱科技的思想情感。从小养成文明乘车的良好习惯和环保节能意识。

【案例评析】

1. 利用"三维目标"表达研学目标，任务明确，具有可测性和可操作性。

2. 层次清晰：地铁元素—文明出行—地铁科技—地铁与生活—地铁与城市发展—生态与环保。相互关联融合，层层推进，由浅入深，由感性认识上升为理性认识。

3. 突出因材施教：根据研学目标与学情的对应，提高高年级学生在理性思维方面的要求。

案例评析

目标	共同目标	3—6 年级	7—9 年级
知识与技能	通过主题场馆初步认识地铁文化元素以及城市的发展和生活的变化。	了解地铁给市民生活带来的便利，和文明乘坐的规则。	通过观察与思考，了解盾构机的结构和工作原理以及隧道建设中的难题。学会数据分析，准确表达。
过程与方法	通过主题场馆的展示和体验加强对知识点的认识。参观展览、听讲解、独立思考和小组探究相结合。		
情感、道德、价值观	1. 从小养成文明乘车的良好习惯。2. 培养学生热爱生活、热爱社会、热爱科技的思想情感。		
相关说明	基本认知和行为目标。	认知局限，目标主要是清晰他们的感性认识。	提高了理性认识。重点在科技应用、激发探究的欲望、激活探究的方式方法，提升探究能力。

（四）课程安排表

《穿越时空隧道——解密科技与地铁、地铁与生活》课程安排表

时间	地点	活动安排	具体目标	时间/分钟
8：20—9：00	从学校出发	强调出行安全、研学纪律，布置任务，发放导学手册	明确研学目的、要求；追求安全；规范、高效	40
9：00—9：20	博物馆门口	介绍广州地铁博物馆	明确博物馆建设和开放的意义	8
9：20—12：00	1. 始发站	裸眼 3D 特效场景体验	感知广州地铁形象	5
	2. 环球站	认识 109 个地铁标志	认识地铁文化元素及内涵	20
		通过触摸屏	了解著名城市地铁系统的奇闻趣事	
	3. 时光站	观察广州地铁交通模型	了解地铁延伸带来的发展	5
		运用 VR 望远镜	引领城市的强大功能	8

续表

时间	地点	活动安排	具体目标	时间/分钟
9：20—12：00	4. 飞跃站	观看地铁线上的生活圈	感受地铁生活圈的精彩	20
	5. 穿越站	工法面面观	了解盾构机的结构和作业状态	30
		文明施工时时看	文明施工，严密监控	
	6. 焕新站	轨道空间零距离	了解部分设备营运状态	5
	7. 匠心站	车站万花筒	欣赏地铁异彩纷呈的主题车站	5
		车站透视窗	了解对应的车站设计理念与创意	5
	8. 便捷站	购票体验	了解不同的购票方法及其流程	15
		广州地铁吉祥物 YOYO	考考 YOYO 的地铁科普常识	
	9. 平安站	模拟驾驶室	感受 ATO 系统工作原理	5
	10. 悠乐站	智慧地铁大闯关	完成 6 个文明乘坐趣味小游戏	30
		我是地铁小当家	快来体验属于你的地铁角色	
12：30	×× 餐厅	中餐、午休	快、静、齐	

不同学段的目标不同，研学的重点场所也不同。

3—6 年级	2. 环球站
	8. 便捷站
	10. 悠乐站
7—9 年级	4. 飞跃站
	5. 穿越站

【案例评析】

因地制宜，研学资源与研学目标相对应，研学重点突出、时间安排合理。

（五）研学基地简介

广州地铁博物馆是广州市政府牵头出资筹建的"2015—2016年社会民生基础设施建设项目"之一，旨在推进青少年科普教育，丰富市民文化生活。以科普知识为核心，首创数字化地铁体验空间，集展览、教育、互动、游乐于一体，呈现广州城市建设和轨道交通行业发展成果，为市民打开一扇轨道交通领先技术展示之窗，提供多元化的公共文化服务。

图 9-6　隧道挖掘器

博物馆展分十个站点，既展示了广州地铁在建设、运营、科研等方面所取得的成就，也将地铁科普知识、应急常识带给每一位进馆的观众。并通过广州地铁的成长洞见城市的发展，通过地铁的企业精神彰显城市的独特气质。

广州地铁博物馆馆长杨穗介绍，建立地铁博物馆的初衷是把建设和运营过程中一些有意义的知识和故事，与市民分享，希望博物馆是市民和地铁共同回忆、一起成长的地方，更多地以趣味方式来表达，打造更多充满创意、乐趣的活动、展览以及讲座。

（六）广州地铁博物馆研学导学案（3—6年级）

1.研学预习：研学互动

（1）在广州—佛山地铁线路示意图中用"□"标明你所在的住址、学校、你熟知的名胜古迹（陈家祠、广东省博物馆、广东科技中心、白云山……）的位置和名称。从学校乘坐地铁到地铁博物馆的最佳线路是：＿＿＿＿＿＿＿

＿＿＿＿＿＿＿（父母校准）。

图 9-7 广州地铁线路图

（2）上图说明了乘坐地铁的人数五年间增长了（　　）倍。一起说说地铁出行的优势：

安全、准时、＿＿＿＿＿＿、＿＿＿＿＿＿、＿＿＿＿＿＿。

曾在地铁上发现的不文明现象：_____

_____

（3）对本次研学充满期待：_____

_____

（4）地铁轨道在地下是怎样建成的？

_____

2. 研学现场："研学我能行！我快乐！"

（1）广州地铁吉祥物简介：

"科技范"悠悠（YOYO），于2013年9月14日被正式选为广州地铁吉祥物，寓意"悠然随心、悦动畅行"。整体形象动感时尚，演绎广州地铁的科技领先优势，寓意广州地铁的优质服务为市民带来悠然的乘车体验。吉祥物以 _____ 为原型。

（2）观察图片完成问答，小组合作一起探讨。

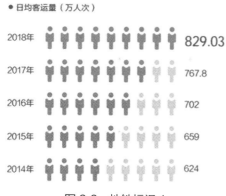

图9-8 地铁标识1

图9-9 地铁标识2

你最喜欢的地铁标识是_____因为_____

_____。

广州地铁标识是通过广泛征集，专家评选，最后系德国设计师的作品胜出。该标识简洁，又包含了广州文化元素，其造型表达的是_____和

_____，可抽象理解为胜利的手势。寓意欣欣向荣、四通八达。

（3）地铁大家族数据收集与对比：

地铁大家族数据收集与对比

序号	城市	开通时间	线路数量	总里程	站台数	人流量	对比分析数据总结特色
1	北京						
2	上海						国内里程最长
3	广州						
4	伦敦						
5	东京						全世界里程最长
6	纽约						

（4）了解不同的购票方法及其流程，认识多重购票功能和价格：

羊城通：搭地铁前 15 次 9.5 折，15 次后 6 折。

乘车码：在微信小程序"乘车码"扫码过闸，无优惠。

全国一卡通、绑定全国一卡通的手机：卡面有"交通联合"标志的全国一卡通，（现为橙色闸机支持）通行，享受 9.5 折优惠。

银联信用卡、Apple Pay、具有 NFC 功能的安卓手机：须为有"闪付"（QuickPass）标识的银联信用卡，Apple Pay，无优惠。

（5）角色转换：

工作角色	工作流程和注意事项
地铁站站长	
我是安检员	
我是地铁设计师	

（6）智慧闯关：

如何正确通过闸机？哪些危险品不能带进地铁？怎样安全搭乘电扶梯？

看管好儿童　　　小心夹脚　　　小心衣物夹入　　　禁踩黄线

禁运大件物品　　　勿靠侧板　　勿在电扶梯出入口逗留　　禁止将身体伸出梯外

禁止嬉戏、打闹、攀爬　小孩必须拉住　　请握住扶手带　　　禁止携带宠物

图9-10　智慧闯关

3. 后续研学

①结合自己的经历，分享乘坐地铁的所见所闻。要求：主题明确、真情实感。

②搜索相关视频，欣赏盾构机是如何挖掘隧道的，视频3D效果全方位展示盾构机工作状态。一定不要错过哟！

（七）广州地铁博物馆研学导学案（7—9年级）

1. 研学预习"我有搜集处理信息和获取新知识的能力"

（1）百度搜索关键词：如地铁、广州地铁、地铁博物馆、地铁安全……

	我搜索了《　　　　　》	我搜索了《　　　　　》	我搜索了《　　　　　》
关键词摘要			

（2）观察图片，完成填空。可查阅相关资料：

图 9-11 地铁标识 3

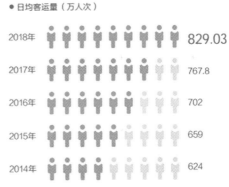

图 9-12 地铁日均客运量

①你最喜欢的地铁标识是_____因为_____。

②广州地铁标识是通过广泛征集，专家评选，最后系德国设计师的作品胜出。该标识简洁，又包含了广州文化元素，其造型像_____和_____，可抽象理解为胜利的手势。寓意欣欣向荣；同时，象征着无限延伸的两条铁轨。

③右图说明了乘坐地铁的人数五年间增长了（　　）倍。一起说说地铁出行的优势：

A. 准时不拥堵；

B._____；

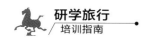

C. _____;

D. _____。

（3）我对本次研学充满期待

① 地铁轨道在地下是怎样建成的？

② 地铁是怎样通过自动驾驶精准停靠的？

③ _____

④ _____

（4）搜索相关视频，欣赏视频展示的盾构机工作状态。

2.研学直播："研学！我能行！我快乐！"

（1）"科技范"悠悠（YOYO），于2013年9月14日被正式选为广州地铁吉祥物，寓意"悠然随心、悦动畅行"。整体形象动感时尚，演绎广州地铁的科技领先优势，寓意广州地铁的优质服务为市民带来悠然的乘车体验。吉祥物以_____为原型。

（2）地铁不仅是一种城市交通工具，更是一种生活状态。我乘坐最多的是_____号线，因为：_____

_____。

（3）第二站环球站：地铁大家族数据收集与对比

序号	城市	第一条线路开通时间	线路数量	总里程	站台	人流量	对比分析数据总结特色
1	北京						
2	上海						
3	广州						
4	伦敦						
5	东京						
6	纽约						

（4）第五站穿越站盾构机大揭秘：全名叫盾构隧道掘进机，是一种隧道掘进的专用工程机械，现代盾构掘进机集光、机、电、液、传感、信息技术于一体，具有：开挖切削土体、_____、_____、测量导向纠偏等功能，涉及地质、土木、机械、力学、液压、电气、控制、测量等多学科技术，而且要按照不同的地质进行"量体裁衣"式的设计制造，可靠性要求极高。盾构掘进机已广泛用于地铁、铁路、公路、市政、水电等隧道工程。盾构机的基本工作原理就是一个圆柱体的钢组件沿隧洞轴线边向前推进边对土壤进行挖掘。该圆柱体组件的壳体即护盾，对挖掘出的还未衬砌的隧洞段起着临时支撑作用，承受周围土层的压力，有时还承受地下水压以及将地下水挡在外面。挖掘、排土、衬砌等作业在护盾的掩护下进行。盾构机根据工作原理一般分为四种：①_____；②_____；③半机械式盾构（_____，_____）；④机械式盾构（_____）。用盾构法的机械进行隧洞施工具有自动化程度高、节省_____、_____快、一次成洞、不受气候影响、开挖时可控制_____沉降、减少对_____的影响和在水下开挖时不影响地面_____等特点。

（5）隧道难题大破解：在复杂多样的地底下建设隧道，会遭遇溶洞、孤石、淤泥层等意想不到的困难，地铁如何穿越珠江？如何穿越高铁？如何进行基桩托换等难题？如何攻坚？

（6）工法面面观：施工场景型沙盘和工法动画演示屏幕，解密隧道建设的"为什么"。

3. 深度研学："我的研学无止境！"

专题班会，独立思考和小组研讨，成果展示与分享。

（1）阅读图9-13，进行时间、人口变化的数据分析对比，关于"地铁建设""城市发展""基建狂魔"……话题，并简要表述：_____

_____

（2）阅读关于地铁的描述和评价。联系日常生活实际，谈谈你的理解。

中国地铁的起源

- 1953年北京市委首次*提出*要修建地下铁道，得到中共中央的认可并做出战略决策。在苏联专家的帮助下，我国工程技术人员经过科学严密的勘察设计和论证，确定了北京地铁一期工程的规划方案和施工方法。由于当时国民经济严重困难，地铁工程被迫暂时搁置。重新上马后的北京地铁一期工程从修建到1965年开通试运行，第一代地铁的建设者和运营管理工作者，克服令人难以想象的艰难险阻，解决了一个又一个生产和运营中的难题，奠定了中国地铁事业发展的基业。

修建地铁的条件

申报建设地铁的城市应达到下述基本条件：
- 地方财政一般预算收入在*100亿元*以上，国内生产总值达到1 000亿元以上；
- 城区人口在*300万人*以上，规划线路的客流规模达到单向高峰每小时3万人以上。

申报建设轻轨的城市应达到下述基本条件：
- 地方财政一般预算收入在*60亿元*以上，国内生产总值达到600亿元以上；
- 城区人口在*150万人*以上，规划线路客流规模达到单向高峰每小时1万人以上；
- 对经济条件较好，交通拥堵问题比较严重的特大城市，其城轨交通项目予以优先支持。

中国地铁建设时间表1

- 1965年7月：北京地铁1号线一期开工建设（中国第一个建造地铁的城市）
- 1970年4月：天津地铁1号线开工建设（中国第二个建造地铁的城市）
- 1975年11月：香港石峡尾—观塘线开工兴建（中国第三个建造地铁的城市）
- 1990年1月：上海地铁1号线开工建设（中国第四个建造地铁的城市）

中国地铁建设时间表2

- 1993年12月：广州地铁1号线开工建设（中国第五个建造地铁的城市）
- 1999年12月：深圳地铁一号线一期开工建设（中国第六个建造地铁的城市）
- 2000年12月：南京地铁1号线一期开工建设（中国第七个建造地铁的城市）
- 2000年武汉轻轨1号线一期开工建设（中国第八个建造轨道交通的城市）

图9-13　专题班会参考资料

- 有了地铁，"距离不是距离，时间才是距离"；＿＿＿＿＿＿＿＿＿＿
＿＿＿＿＿＿＿＿＿＿＿＿＿＿＿＿＿＿＿＿＿＿＿＿＿＿＿＿＿＿

- 地铁，改写商业价值，很多人说"地铁一响，黄金万两"；＿＿＿＿＿
＿＿＿＿＿＿＿＿＿＿＿＿＿＿＿＿＿＿＿＿＿＿＿＿＿＿＿＿＿＿

- 未来，或许地铁将不再是城市的附着物，城市将随着地铁而发展：
＿＿＿＿＿＿＿＿＿＿＿＿＿＿＿＿＿＿＿＿＿＿＿＿＿＿＿＿＿＿
＿＿＿＿＿＿＿＿＿＿＿＿＿＿＿＿＿＿＿＿＿＿＿＿＿＿＿＿＿＿

案例评析：

学情、目标、活动设计相互对应，才能适应学生。

	共同点	3—6年级	7—9年级
目标重点	1. 认识地铁文化元素。 2. 从小养成文明乘车的良好习惯。 3. 培养学生热爱生活、热爱科技、热爱社会的思想情感。	1. 了解地铁给市民生活带来的便利。 2. 明确文明乘坐的规则和良好出行习惯。	1. 了解盾构机的结构和工作原理及隧道建设中的难题。 2. 环保节能的生态意识。 3. 学会数据分析、探究，准确表达。

	共同点	3—6 年级	7—9 年级
研学预习	1. 看图片、完成填空。 2. 观察示意图 2 填空感受地铁的发展。 3. 带着问题去研学。	亲子互动： 在示意图 1 中标明相关位置。	"我有收集资料……获取……的能力"。 1. 百度搜索。 2. 认识地铁标识，了解地铁文化。 3. 初步了解盾构机的功能。
研学直播	1. 认识"科技范"悠悠。 2. 地铁大家族数据收集与对比。	1. 认识地铁标识。 2. 购票方法及其流程，认识多重购票功能和价格。 3. 智慧闯关：工作人员角色转换。	1. 第五站盾构机大揭秘。 2. 隧道施工难题破解。 3. 工法面面观。
深度研学	延伸与拓展，也是个人研学成果的展示与分享。	结合自己的经历，分享乘坐地铁的所见所闻。 2. 查阅资料，深度了解盾构机。	1. 专题班会：独立思考关于"地铁建设""城市发展""基建狂魔"话题。 2. 联系日常生活实际，深度解读地铁的价值。
相关说明	基本认知和共同行为准则。	认知局限，目标主要是清晰他们的感性认识。	1. 提高了理性认识。 2. 重点在科技应用、激发探究的欲望、激活探究的方式方法，提升探究能力。 3. 激发尊重、应用、探索科学知识的激情。

（声明：本节部分图片来自网络，原创可与作者联系）

参考文献

［1］崔莹.基于PBL的旅游管理专业实践教学模块构建［J］.现代教育科学，2014（9）：129-132.

［2］范士陈，陆佑海.国际水准旅游人才培养模式构建初探［J］.经济师，2014（12）：231-233，241.

［3］高峰.产学研合作创新模式的研究与探索［D］.上海：上海交通大学，2011.

［4］胡祖奎，张渝江.项目式学习的要素和技术支撑［J］.中小学信息技术教育，2017（4）：13-15.

［5］雷明化.PBL教学方法在旅游高等职业教育中的运用［J］.职业技术教育，2007，28（26）：41-42.

［6］李岑虎，甄鸿启.中小学研学旅行教师指导用书［M］.4版.郑州：文心出版社，2021.

［7］李岑虎.研学旅行课程设计［M］.北京：旅游教育出版社，2020.

［8］李会民，代建军.基于课程统整的跨学科项目化学习设计［J］.教学与管理，2020（4）：29-31.

［9］刘伟国.浅析高职高专旅游人才培养模式的对策［J］.商业经济，2010（23）：115-116.

［10］刘幼平.浅谈PBL在旅游专业教学中的运用［J］.湖南科技学院学报，2005，26（7）：108-110.

［11］彭其斌.后疫情时代的研学旅行安全管理及研学旅行发展展望［J］.新校园，2021（2）：91-94.

［12］彭其斌.研学旅行，如何做好"学"与"游"的平衡？［J］.新校园，2020（10）：83-86.

［13］彭其斌.研学旅行工作导案［M］.济南：山东教育出版社，2019.

［14］彭其斌.研学旅行工作实务100问［M］.济南：山东教育出版社，2019.

［15］彭其斌.研学旅行课程概论［M］.济南：山东教育出版社，2019.

［16］尚俊杰，曲茜美.游戏化教学法［M］.北京：高等教育出版社，2019.

［17］孙波，庞涛."动"见学习体验：图解五类学习活动设计［M］.北京：电子工业出版社，2015.

［18］孙科柳，孙科江.场景化赋能：场景化课程设计与教学引导［M］.北京：中国人民大学出版社，2019.

［19］王彬，李岑虎.北京市红色研学旅行课程指南［M］.北京：旅游教育出版社，2021.

［20］王文杰.应用型管理人才培养实践平台建设探索：以旅游管理人才为例［J］.中国高校科技，2014（8）：60-61.

［21］吴军生，彭其斌.研学旅行安全工作指南［M］.济南：山东教育出版社，2019.

［22］谢春山，刘妍.试论"能力—市场导向"型旅游专业人才培养模式［J］.辽宁教育行政学院学报，2014，31（5）：30-35.

［23］严宽荣.基于校企合作的卓越旅游专业人才培养模式实施难点及对策［J］.市场论坛，2014（1）：39-41.

［24］袁国强，李云峰，马晨晨.高校非学历教育培训所面临机遇与挑战的分析［J］.继续教育，2013，27（5）：43-44.

［25］中国研学旅行安全发展报告编写组.中国研学旅行安全发展报告蓝皮书（2017—2019）［M］.济南：山东教育出版社，2020.

［26］周霄，马勇，刘名俭.高校旅游管理专业应用型人才培养创新模式系统构建研究：基于"素能结合"的导向［J］.现代商业，2012（6）：41-42.